100년 가는 동네카페 만들기

100년 가는 동네카페 만들기

1판 3쇄 인쇄 2021. 11. 24.
1판 3쇄 발행 2021. 11. 30.

지은이 정소향

사진 한정선 · 채동우

발행인 강미선
편집 강미선 디자인 윤미정
발행처 선스토리
등록 2019년 10월 29일 (제2019-000168호)
전화 031)994-2406

값은 뒤표지에 있습니다.
ISBN 979-11-973088-0-2 (03320)

이메일 sunstory2020@naver.com

매일 어김없이 떠올라 세상을 비추는 해처럼
선하고 이로운 이야기를 꾸준히 전합니다.

스타벅스
부럽지 않은

100년 가는 동네카페 만들기

정소향 지음

선스토리

프롤로그

100년을 이어가는 카페이고 싶습니다

카페를 창업하는 이들 모두가 100년 갈 카페를 다짐하는 건 아니다. 나 또한 그러했다. 스물일곱이 되던 해 코이카를 통해 탄자니아에 가서 봉사를 하게 되었고, 한국으로 돌아온 뒤에도 다시 탄자니아에서 봉사하겠다는 꿈을 갖게 되었는데, 그러기 위해서는 아프리카에 가서 살 돈이 필요했다. 간절했던 꿈은 대학원을 그만두고 자영업자의 길에 들어서게 했다. 그 길에서 정말 어쩌다 보니 '커피'를 만났고, 그 커피가 나의 모든 삶을 뒤바꾸었다.

금방 사라지지 않는 카페를 만들겠다는 철학과 그만한 무게감을 가지고 시작해야 100년 갈 수 있는 가능성이 생긴다. 나는 그런 소신과 철학으로 나보다 훨씬 이전에 카페와 커피박물관을 만든 이를 알고 있다. 바로 왈츠와닥터만 박종만 관장님이다. 내가 관장님에게 커피를 배운 것은 큰 행운이었다. 아마 관장님이 아니었으면, 내 길은 지금과 많이 달라져 있을지도 모른다. 내가 그곳에서 배운 건, 커피를 볶고 내리는 기술뿐만이 아니라 땀의 가치와 인내가 밑바탕 된 '철학'이었기에 13년 동안 8개의 동네카페를 운영하면서도 100년 카페의 꿈을 버리지 못했다.

동네카페가 100년을 이어갈 수 있을까? 유럽에는 100년 이상 된 카페가 많다. 파리의 '레 뒤 마고Les Deux Magots', '카페 드 플로르Cafe de Flore', 프라하의 '카페 임페리얼Cafe Imperial' 등은 이미 오래전부터 지역의 아지트였다. 여러 작가와 시인이 작품을 만드느라 시간을 보낸 곳이고, 그 안에서 강의와 연설이 있었고, 파티가 열렸다. 동네식당이면서 카페였기에 할머니와 엄마, 아이가 아침을 먹기 위해 손을 잡고 오고, 점심에는 동료와 커피를 마시러 오고, 밤에는 벗들과 와인을 즐기러 오는 등 동네의 사랑방 같은 곳이었다. 그런 곳이 이제는 관광지가 되어 전 세계 사람들이 일부러 찾아가는 곳이 되었다. 100년이라는 시간은 3세대를 넘어 4세대를 잇는 시간이다. 대를 이어 방문하는 고객들의 세대간 추억을 공유해주고 이어주는 그곳에서 또 어떤 역사가 써질까?

우리나라도 그러길 바란다. 유럽 건축물이야 유지와 보수만 잘하면 100년 이상 되어도 끄떡없게 지어졌기에 우리나라보다 역사를 지키는 것이 쉬울지도 모른다. 그런데 낡고 오래된 건축물의 상태를 떠나서 우리나라에 세입자로 동네카페를 시작한다면 100년 가는 카페를 마음에 품을 수 있을까? 아니, 코로나19 이후처럼 당장의 생존도 버거운 시대에 100년을 이야기하는 것이 허황된 소리처럼 들릴지도 모르겠다. 그러나 절망 속에서 우리를 버텨내게 해준 것은 언제나 희망의 노래였으니, 하루를 겨우 살아내는 자영업자의 현실 속에서도 나는 이 먼 이야기, 100년의 꿈을 이야기하고 싶다. 하루하루 온 힘을 다해 그렇게 우리가 갈 길에 집중해 한걸음씩 내딛다 보면 내가 도달해있는 곳은 어느새 꿈이 아니라 현실이 되어 있지 않을까 생각한다.

번듯하게 생겼다가 잠시 후 사라지는 카페는 그만 보고 싶다. 카페가 문을 연 이래 바뀌지 않은 손때 묻은 설비가 역사를 이어가고, 사장보다 더 오래된 머신이 유물처럼 남아 있는 100년 카페를 보고 싶다. 동네카페가 단골고객 가족들의 만남의 장소가 되고, 먼 훗날 자녀들이 엄마와 함께 온 카페를 기억하고 자신의 아이와 함께 다시 찾아올 수 있는 100년 카페를 꿈꾼다. SsoH가 100년을 이을 수 있을지 장담할 수 없다. 하지만 올곧고 선한 철학을 가지고 노력하는 카페는 100년을 이을 수 있다고 믿는다.

어떻게 100년을 이어갈 수 있을까?

어떻게 단골고객들의 아이들이 커서 엄마와 함께 온 SsoH를 기억하고 30년 후에도 다시 찾게 할 수 있을까?

어떻게 우리 커피 맛을 기억하게 할 수 있을까?

어떻게 우리 직원들과 긴 호흡으로 오래 함께 일할 수 있을까?

모든 숙제는 여전히 남아 있다. 하지만 처음 가졌던 철학과 노력으로 13년 동안 8개의 카페를 건강히 지키고 있는 내 모든 노하우가 분명 어떤 이들에게는 도움이 될 거라 믿는다. 카페창업을 꿈꾸는 분들, 카페를 운영하고 있는 분들, 바리스타를 꿈꾸는 분들, 뿐만 아니라 나만의 작은 가게를 차리고 싶은 분들에게 힘이 되는 노하우를 제시할 수 있는 책이 되길 바란다.

차례

CHAPTER 3 품격 있는 맛을 위한 피땀눈물

CHAPTER 4 SsoH 카페는 100년 카페를 꿈꿉니다

로스팅이란?
커피팩토리 소
가맹 및 창업 설명회
SSOH
TO
SSOH

대학입시 공부하듯 창업을 준비하라

당신은 3년, 아니 1년 안에
문 닫는 카페를 열고 싶은가?
아니면 오래 살아남아 사랑받는
카페를 창업하고 싶은가?
카페창업을 '각오'했다면
수능을 앞둔 고3 학생처럼 카페창업을
목표로 최소 1년은 오롯이 커피교육에
집중하고 창업 준비에 올인해야 한다.

01

대중을 뛰어넘는 커피기술은 기본

SsoH는 노량진 본점에서 시작해 2021년 현재 대방동, 신길동에 8개의 지점을 두고 있고, '관인 팩토리쏘 학원'도 운영 중인 동네카페 치고는 규모가 큰 카페다. 감사한 일이게도 한 지점씩 카페창업에 성공하며 정말 많은 사람들이 막연하게 이렇게 물어왔다.

"나도 카페를 하고 싶은데 어떻게 하면 될까요?"

내 답은 항상 같았다.

"커피기술은 갖고 있나요?"

카페를 창업하고 싶다는 대부분의 사람들이 적절한 커피기술을 갖추지도, 심지어 커피기술의 중요성도 잘 몰랐다. 나는 단호하게 말한다. 특별한 커피기술 없이 창업카페를 시작할 거라면 아예 시작도 하지 말라고.

자격증이 중요하다는 말은 절대 아니다. 커피의 기본을 제대로 아는 노력이 필요하다는 말이다.

특히 커피 좀 추출한다고, 라떼 폼 좀 만든다고, 카페에서 알바 좀 했다고, 커피기술을 가르쳐주는 학원 좀 다녔다고, 온갖 자격증이 있다며 가벼운 마음으로 카페를 창업한다면 90퍼센트 이상 망할 확률이 크다. 동네에서 저가커피로 박리다매를 꿈꾸며 살아가는 방법도 있겠지만, 요즘에는 인건비만 해도 만만치 않다. 다매를 할 경우 수많은 물품을 정리하는 인력도 필요할 텐데, 제품이 빠져나가는 만큼 보충하는 일도 결코 쉽지 않다. 게다가 요즘 한국사람들의 커피 판별 수준은 전과 비교할 수 없이 높아졌다.

"C.O.E 커피 있나요?"라고 묻는 손님이 있었다.

C.O.E란 컵 오브 액설런스라고 그해 최고 품평을 받은 콩을 말한다.

"지난 번에 마신 꽃향기 나는 에디오피아 아리차가 좋았는데, 그거 있나요? 없으면 비슷한 거 소개해주세요."

산지를 넘어 농장까지 기억하는 손님도 있었다.

이처럼 굉장히 빠르게 변하는 커피문화 속에서 평균 이상의 후각과 미각을 가지고 커피를 즐기는 사람이 많이 늘었다. 웬만한 경력과 노하우, 기술이 없다면 자신의 선호도에 따라 커피 맛을 정확히 표현하는 사람들의 수준에 밀려 금방 문을 닫게 될 수도 있다.

대중보다 더 높은 커피기술을 갖췄을 때 창업하라

/

내가 처음 카페창업을 시작했을 시기는, 그러니까 지금보다 13년 전쯤에는 카페창업이 블루오션이었다. 우리나라에 큐그레이더* Q-Grader가 30명도 채 없던 시절, 그리고 세계 바리스타 대회가 있었지만 관심이 크지 않던 시절, 카페쇼가 그저 그런 수준이었던 시절, 르왁커피가 뭔지 모르는 사람들이 많았던 시절에 창업했으니 나는 시기를 잘 만난 것 같다. 하지만 지금은 대중의 수준이 너무 높아졌다.

중언부언, 얼렁뚱땅 대충 커피를 내려주고, 커피에 대해 아는 척 설명하면 거짓말이 금방 탄로 난다. 카페창업을 하고 싶다면, 커피기술에 있어서만큼은 부단히 자기 수준을 높여 대중보다 나은 실력을 갖췄다는 생각이 들었을 때 창업해야 한다. "이 정도면 되었지"라는 안일한 태도로 창업하면 절대 안 된다.

우리보다 앞선 커피문화를 가진 호주의 멜버른이나 일본 도쿄의 카페를 다녀 보면 고퀄리티의 커피를 파는 곳만 살아남아 성행하는 것을 어렵지 않게 볼 수 있다. 우리도 10년 안에 그렇게 될 것이라고 감히 예견한다. 커피를 찾는 대중의 수준이 높아질수록 없어지는 카페는 많아질 것이고, 살아남는 카페는 적어질 것이다.

- 커피의 원재료인 생두와 원두의 맛, 특성 등을 감별해 커피의 등급을 결정하는 직종을 말한다.

▲ **핸디로스터 챔피언십 심사위원으로 위촉받았을 때**

아마 이 책을 읽는 독자라면 이미 카페를 운영하고 있는 사장도 있겠지만, 언젠가는 카페를 운영해보고 싶다는 생각을 하는 예비 창업자도 많을 것이다. 당신은 3년, 아니 1년 안에 문 닫는 카페를 열고 싶은가? 아니면 살아남아 오래 사랑받는 카페를 창업하고 싶은가? 카페창업을 '각오'했다면 수능을 앞둔 고3처럼 카페창업을 목표로 최소 1년은 오롯이 커피교육을 받는 일에 집중하고 창업 준비에 올인해야 한다. 나는 8개 지점의 SsoH 카페뿐 아니라, '팩토리쏘 커피학원'도 운영하고 있다. 그러면서 정말 많은 교육생들을 만났다. 커피학원인 만큼, 교육생들의 절반은 수료 후 창업할 생각을 하고 커피를 배우러 온 사람이다. 3개월 정도 배운 후 종강이 다가올 때 교육생들 대부분이 이제야 좀 커피 맛을 구분할 수 있게 되었다며, 아직도 갈 길이 먼 것 같아 창업은 더 준비하고 배운 후에 해야겠다고 말한다. 배울수록 참 재미있지만 갈 길이 멀다는 것을 깨달은 것이다.

다시 한 번 강조하지만 커피기술을 배우지 않았다면 '시작이 반이다'라는 말에 용기 내어 집 가까운 곳의 커피학원에 찾아가 교육부터 바로 받아보기를 권한다. 커피는 다른 분야의 무언가를 배우는 것보다 접근하기 쉽다. 사람의 후각과 미각은 거의 비슷비슷해서 20대든 40대든 60대든 누구나 똑같은 출발선에서 시작할 수 있다는 장점 때문이다. 훈련한 만큼 향미를 판별할 수 있는 기술이 생긴다. 30일 동안 매일매일 케냐AA를 마셔온 사람이라면 귀신같이 그 맛을 기억할 것이다. 그리고 31일차에 다른 커피를 내주면 '이거 늘 마시는 그 커피가 아닌 것 같은데?'라는 말을 자신도 모르게 내뱉게 될지도 모른다. 매일매일 같은 커피를 한잔씩 꾸준히 마시면 1년이면 12개의 커피 맛에 익숙해지지 않겠는가?

카페를 창업했다면 첫 3년이 매우 중요하다. 1장에서는 SsoH 카페를 시작했던 내 경영 초반의 이야기를 기반 삼아 창업할 때, 그리고 창업 후 첫 3년 동안 중요하게 생각해야 할 여러 요소들을 다루었다. 카페창업을 생각한 독자들이 아이디어를 갖고 실행하는 데 용기를 주는 길잡이가 되었으면 좋겠다.

02

프랜차이즈를 접고 창업카페를 시작한 이유

2008년 3월, SsoH의 뿌리가 된 프랜차이즈 베이커리 카페를 노량진에서 시작했다. 그전에는 적은 자본금으로 가장 쉽게 접근할 수 있는 편의점을 운영했었는데 열심히 일해도 늘 제자리걸음, 비생산적인 삶이 이어지는 것 같아 고민 끝에 그만둔 실패 경험이 있다. 수입이 만족스럽지 못한 탓도 있었지만, 내가 애쓴 만큼의 '보람' 비슷한 그 무엇도 없었다는 것이 그만둔 가장 중요한 이유였다.

두 번째로 뛰어든 것이 프랜차이즈 베이커리 카페였다. 베이커리 카페로 시작했던 이유는 단순했다. 커피와 빵을 좋아했기 때문에! 당시에 프랜차이즈 카페의 조건이 까다롭지는 않았다. 다만 투자비용이 많이 들었다. 20매와 40매 발효기 각 1개, 3단 데크오븐, 저온급속 냉동고, 온장고 등 부피가 크고 비싼 제빵기계들이 필요했고, 커피머신도 제법 좋은 브랜드로 구비되어 초기비용이 꽤 많이 들 수밖에 없는 구조였다. 다이소에서 사면 더 싼값에 얼마든지 살 수 있는 사무용품까지 전부 본사를 통해 구매해야 했는데, 가맹비랑 인테리어하는 데 쓰이는 초기 비용만 2억 가까이 든 것 같다.

노량진에서 시작했던 프랜차이즈 베이커리 카페의 첫 1년은 나쁘지 않았다. 그런데 고시생들이 많은 곳에서 프랜차이즈 카페의 커피값 2,500원은 경쟁력이 없었다. 13년 전 당시 고시생들에게는 2,500원도 비쌌고, 때문에 매출이 좀처럼 오르지 않았다. 지금처럼 인건비 문제도 없던 시절이었는데 월세 내기도 빡빡했으니 뭔가 대책이 필요했다. 일단 노량진의 고객층인 고시생들을 단골로 만들어야 했기에 내 이익을 포기하고서라도 가격을 낮추고 싶어서 본사에 요청했으나 거절당했다. 상권의 이해 없이 가맹 계약만 유지하려던 본사를 이해할 수 없었다. 게다가 비슷한 브랜드가 생기기 시작했고, 말레이시아에서 들어오는 냉동생지와 커피크림의 유통과 통관이 어려워지면서 본사의 미숙한 대처를 여러 차례 경험했다. 본사 중심의 일방적인 TV드라마 PPL 비용을 가맹점에 청구하는 일도 있었다. 어쩔 수 없이 본사와의 계약은 3년 후 계약종료와 동시에 끝냈다.

카페를 창업하고 싶은데 특별한 노하우가 없는 사람들이 가장 처음 고민하는 것이 프랜차이즈 카페일 것이다. 정해진 매뉴얼이 있기 때문에 별다른 노하우 없이 쉽게 접근이 가능하다는 것, 브랜드 이미지로 인한 안정적인 수익이 가능할 것이라는 기대감 때문이다. 하지만 내가 경험한 프랜차이즈 카페는 단점이 더 많았다. 첫째, 상권에 대한 이해가 없는 고정된 메뉴 가격. 둘째, 효과 없는 PPL 광고비를 매월 지불해야 한다는 것, 셋째, 가맹점의 개성을 표현할 수 없다는 것!

커피기술만이 살길, 왈츠와닥터만을 만나다

/

프랜차이즈 카페를 계약종료한 뒤 셀프 인테리어로 '커피컬처'라는 카페를 같은 자리에서 이어갔다. 1,500원이면 아메리카노를 사서 마실 수 있도록 가격을 정했다. 첫 반응은 괜찮았다. 그러나 주변 상권 경쟁이 치열해지면서 인근 카페의 커피가격이 편의점보다 더 낮은 800원, 1,000원으로 떨어졌다. 게다가 동절기가 되면서 학원 학생들이 빠져나가니 점점 운영이 힘들어졌다.

가장 장사가 안 될 때 나는 큰 결단을 내렸다. 내가 뛰는 근무시간에 알바생을 넣고, 밖으로 나가 커피를 배우기로 말이다. 적자가 계속되는 상황에서 인건비에다 자기계발비까지 추가로 드는 일이라 결코 쉽지 않은 결단이었다. 하지만 위기일수록 좀 더 수준 높은 커피기술을 배워두는 게 나와 카페가 살 길이라고 생각했다.

커피는 매력적인 분야였다. 기술도, 지식도 굉장히 빠른 속도로 변하고 발전하고 있었다. 분야도 방대했다. 이전에 프랜차이즈 카페를 운영하면서 100만 원짜리 라떼아트 수업을 받은 적이 있었다. 나름 훌륭한 우유스티밍 기술을 갖췄다고 생각했다. 라떼와 카푸치노 구분이 잘 안

되는 알바생들과 비교하면 내가 만든 라떼는 더 찰지고 맛났다. 하지만 그런 기술만으로 커피를 잘 알고 잘 만든다고 말할 수는 없었다. 당시 나는 현장 경력 4년차임에도 아라비카종이 뭔지, 로버스타종이 뭔지 종자도 구분하지 못했다. 커피나무도 알지 못하는 무지한 사람이었다.

한겨울, 한숨밖에 나오지 않는 매출을 확인하며 무거운 발걸음으로 집으로 돌아가는 날이 잦아졌다. 미래에 대한 불안감과 변화해야 한다는 절실함에 매서운 추위도 느껴지지 않은 때였다. 그러던 어느 날, 지금은 남편이 된 남자친구가 남양주에 위치한 왈츠와닥터만 커피박물관으로 나를 데리고 갔다.

"여기 함박스테이크가 그렇게 맛있대. 2층에 있는 커피박물관에서는 핸드드립 체험도 할 수 있다는데?"

남자친구는 같은 공간에 먹을거리와 볼거리가 있으니 좀 멀어도 가 볼 만할 것 같다며 나를 왈츠와닥터만으로 데려갔다. 바로 그날이 내 앞으로의 삶을 결정했다고 해도 과언은 아닐 것이다. 음식 값은 너무 비쌌지만, 레스토랑에 앉아 바라보는 북한강 뷰는 정말 환상적이었다.

전문적인 커피기술을 배운 후 내 삶이 180도 달라졌다.
커피에 대한 기술뿐 아니라 바리스타로서의 열정과 자신감을
불어넣어준 그 시간들 덕분에 지금까지 SsoH가 많은
사람들에게 사랑받을 수 있게 된 것 아닐까.

그래서일까? 커피도 너무 맛있었다. 식후에 나오는 하우스 블렌드 커피는 나의 기분을 더 고조시켰다. 이렇게 좋은 전망에 앉아 이토록 맛있는 커피를 마실 수 있다니! 내가 귀한 대접을 받는 기분이 들었다.

레스토랑 테이블에 놓인 왈츠와닥터만의 히스토리 브로셔도 그곳에 대한 흥미와 설립자인 박종만 관장님에 대한 호기심을 불러일으켰다. 식사를 마치고 2층으로 올라가 박물관을 구경했다. 커피재배, 커피기원, 한국커피의 역사와 문화, 그리고 로스팅 과정까지 한눈에 커피의 모든 것을 요약해볼 수 있었다. 공간 자체가 넓지는 않아도 필요한 내용이 짜임새 있게, 요란하지 않게 잘 정리된 박물관이 정말 인상적이었다.

'자료를 모으기 위해 이 관장님은 얼마나 열심히 이곳저곳을 다니셨을까?', '고종황제가 커피를 마셨던 스푼이라니 정말 진귀하네?', '한국의 커피문화를 지키기 위해 옛 다방도 찾아다니셨구나', '40년 전 100원짜리 커피 메뉴판이라니!', '한국 커피탐험대도 모집한다고? 나도 한번 해보고 싶은데?'

이런저런 생각을 하며 나오려는데, 출입구 근처에 놓인 닥터만 커피 교육 2기생 모집에 대한 안내문을 보았다. 단순히 커피기술자가 아닌 커피 스페셜리스트를 키워내는 곳으로, 바리스타 자격증 또는 창업에 초점이 맞추어진 타프로그램과는 차별화된 교육과정을 선보인다고 했다. 마음이 몹시 끌렸다. 내가 원하는 교육이었다. 배우게 된다면 정말 재미있을 것 같았다. 하지만 내가 운영하는 가게를 뒤로하고, 매주 이곳에 와서 교육받을 수 있을지 이런저런 걱정이 앞섰다. 내 성격에 한번 시작하면 열심히 배우겠지만, 끝을 볼 때까지 포기하는 일은 없겠지만, 쉽게 각오가 서지 않았다. 교육받는 기간도 너무 길었다.

모든 것은 결국 내 의지에 달린 문제였으나, 일단 당장의 결정은 보류했다. 그렇게 시간이 흐르고 있었고 나는 왈츠와닥터만의 커피교육을 언젠가는 받아야 할 숙제처럼 마음에 담아 두었다.

그리고 3기 교육생을 모집할 즈음 주저 없이 등록을 했다.

전문적인 커피기술을 배운 후 내 삶이 180도 달라졌다. 만약 그때 내가 그곳에서 좀 더 전문적으로 커피기술을 배우지 않았더라면 지금은 어떤 삶을 살고 있을까? 커피에 대한 기술뿐 아니라 바리스타로서의 열정과 자신감을 불어넣어준 그 시간들 덕분에 지금까지 SsoH가 많은 사람들에게 사랑받을 수 있게 된 것 아닐까.

03

왈츠와닥터만과
커피 지옥훈련

지금도 왈츠와닥터만 박종만 관장님께서 수업 첫 시간에 엄숙한 표정으로 하신 말씀이 또렷이 생각난다.

"여기에 자격증을 따기 위해 앉아 있는 사람이 있다면 교육비를 환불해드릴 테니 앞으로 나오지 마십시오. 왈츠와닥터만 수업은 자격증을 목표로 하지 않습니다."

나는 자격증이 필요한 게 아니었기 때문에 잠자코 앉아 있었다. 하지만 그 말이 어떤 무게를 가지고 있는지는 당시에 전혀 실감하지 못했다. 나는 무엇이든 한번 시작하고자 마음먹은 것은 하늘이 두 쪽 나도 끝까지 해내고 마는 성격이다. 그런데 그런 나조차 수업을 계속 듣는 일이 엄청나게 힘들었다. 보통 인내심으로는 끝까지 마치기 힘든 교육과정이었다.

일단, 관장님은 매주 과제를 어마어마하게 내셨다. 그런데 그 과제를 대충 네이버에서 찾거나 남의 지식을 베끼면 말 그대로 '혼쭐'이 났다. 어느 출판사의 어떤 책을 인용했는지, 몇 챕터에 적혀 있는지 등 참고 인용 표시를 제대로 해야 겨우 받아주셨다. 사소한 것 하나 그냥 넘어가는 법이 없으셨다. 한 예로 같은 기수의 교육생 중에 60대가 있었다. 컴퓨터로 숙제하는 걸 영 힘들어하셨다. 특히 과제 출력이나 이메일 사용은 자녀의 도움을 받아야 했다. 그게 문제가 되었다. 관장님은 무엇이든 혼자 힘으로 다하라면서 연배도 비슷한 그 교육생을 꼬장꼬장 가르치셨다. 관장님 본인도 젊은 세대 보란 듯이 일부러 스마트폰을 쓰고 아직도 배우기를 게을리하지 않는다며, 누구에게도 기대지 말고 나이 탓도 하지 말고 본인 스스로 과제를 해결하라고 가르치셨다.

관장님은 그분의 상황을 충분히 이해하셨다. 하지만 수긍할 수 없으셨던 것이다. 관장님의 꼬장꼬장한 수업방식에 나도 많이 혼났다. 핸드드립을 하는 자세가 바르지 않다고 커피나무로 만든 막대기로 내 어깨를 툭툭 두드리셨다. 드립 추출할 때도 많이 혼났다. 95도의 물을 받아 놓고 그렇게 뜸 들이고 있으면 어떡하느냐, 몇 초 동안 식을 수도 있는데 마냥 커피만 쳐다보고 있을 거냐, 또 그 물을 이어 쓸 거냐, 커피가 빵빵하게 부푸는 시간 동안 빨리 가서 다 버리고 뜨거운 물을 새로 받아라…. 물 온도의 중요성을 엄청 강조하셨다. 요즘에야 스페셜티 원두가 많아져서 낮은 추출수로도 핸드드립을 많이 하지만, 당시는 그렇지 않았다. 관장님은 일본 정통커피처럼 정석대로 가르치셨다. 관장님의 꾸중은 나를 자주 흔들어대고 바닥을 치게 했다. 그렇게 매번 혼나면서도 커피를 포기하지 않고 도전했던 건, 기술적인 건 이만큼이면 된다고 자부했던 나의 교만이 부끄러워서였다. 알면 알수록 무궁무진한 커피인데 실상은 내가 너무 모르고 있던 것이 부끄러웠다.

'이 정도면 되겠지'는 학생일 때도, 사장일 때도 하지 않는 말

/

나에게 핸드드립은 정말 낯선 분야였지만, 결과적으로 기본기를 탄탄히 해나가는 데 큰 도움이 되었다. 칭찬에 인색한 관장님은 중간중간 에스프레소 파트에 대해서는 잘한다며 칭찬도 해주셨다. 내가 우유스팀에 대한 과제를 발표할 때는 내 목소리를 녹음해서 다른 수업시간에 쓰고 싶다는 말씀도 하셨다.

하지만 관장님은 누구도 정체되도록 가만두지 않으셨다. 이 정도면 되겠지 하는 생각은 수강생 누구도 하지 못했다. 매장 일을 하면서 어마어마한 양의 과제를 해내야 했던 것도 버거웠지만, 때마다 보는 시험도 만만치 않았다. 관장님이 자꾸 배우지도 않은 데서 문제를 내는 바람에 스스로 공부를 찾아서 해야 했기 때문이다.

그럼에도 커피공부는 하면 할수록 참 재밌었다. 내추럴 가공방식으로 열매를 건조시킨 커피는 볶아도 알록달록한 색을 낸다. 까맣게도 보이고, 갈색으로도 보이고, 누렇게도 보이고, 푸르게도 보인다. 누렇게 보이는 콩을 덜 익은 걸로 오해해서 핸드픽킹Handpicking 할 때 빼낸다

▲ 왈츠와닥터만 박종만 관장님과 함께

면, 그건 내추럴 가공으로 말린 콩의 특징을 잘 이해하지 못해서다. 물이 부족한 나라에서 주로 내추럴 가공방식을 많이 썼는데, 그렇게 자연 햇볕에 널어 말린 콩은 열매의 익음 정도에 따라, 또 열매의 수분 함량에 따라 건조 상태가 다르고, 볶았을 때 나오는 색은 이런 이유로 알록달록하다. 그런 콩 하나하나가 어우러져 전체적으로 조화롭고 미묘한 커피 맛을 만드는 것이 참 신기하고 재미있었다.

박종만 관장님의 커피에 대한 열정도 참으로 대단했다. 박물관 옥상에 온실을 만들어 지금까지도 우리나라 노지에서 커피나무에 꽃이 피고 열매 맺기를 기대하며 끊임없이 재배를 시도하실 정도다. 적도를 중심으로 위와 아래 각 25도 사이를 커피벨트라고 부르는데, 커피나무는 그 사이 아열대 기후에서만 자란다. 우리나라는 추운 겨울이 길게 있어서 물리적으로 커피나무가 자랄 수 없다. 그럼에도 불구하고 우리나라 토종커피를 기대하며 오늘도 커피재배를 시도하신다. 브라질, 콜롬비아, 탄자니아, 케냐, 에티오피아, 미국(하와이), 예멘, 인도네시아, 인도 등 커피가 자라는 산지별로 커피 맛을 보면 맛과 향에 사뭇 차이가 있다. 품종의 유전적인 맛 차이도 있겠지만 자란 토양, 자연환경에 따라 열매 맛이 달라진다. 재배가 불가능한 환경을 이겨내고 우리나라 토종커피가 나온다고 하더라도 그 맛이 특별할 수 있을까?

불가능해 보이는 것을 가능으로 만들고자 하는 관장님의 열정은 앞으로도 쉽게 따라갈 수 없을 것 같다.

왈츠와닥터만 교육은 관장님의 커피에 대한 열정을 엿보고, 그걸 토대로 스스로 공부하는 시간이었다. 그렇게 로스팅까지 장장 10개월의 교육훈련을 마치고 수료하는 날, 수료생은 8명으로 시작해 3명밖에 남지 않았다. 전문가는 쉽게 될 수 없다는 관장님의 철학을 그대로 보여주는 결과였다. 다행히 나는 우수한 성적으로 수료했다. 더구나 중간에 교육비 지원 장학금도 받았으니 내가 생각해도 참 기특한 도전이었다.

04

장사하기 좋은 최고의 자리는 어디일까

"제대로 된 커피를 만들어서 사라지지 않는 100년 카페를 만들어야 한다"라는 관장님의 철학은 나에게 고이 전수되었다. 관장님은 입버릇처럼 건물부터 사라고 하셨는데 당시 30대 초반이던 내가 건물주가 되는 일은 현실적으로 불가능에 가까운 일이었다. 그나마 모았던 돈도 까먹고 하루하루 겨우 사는 내가 100년 가는 카페를 만들기 위해 건물부터 사는 건 어불성설이었다. 다른 많은 창업자들과 다를 바 없이 세입자로 새로운 로스터리 카페 자리를 찾기 시작했다. 안양 백운호수, 산본 중심상가, 친구가 개업한 병원이 있는 성북동, 광장동 장신대 근처, 아치울 전원마을, 덕소 산중턱 등 인맥을 동원해서 카페 자리를 묻고 확인하러 다녔다.

이미 상권이 형성된 곳은 유동인구에 비해 임대료가 지나치게 높거나, 너무 북적여 로스팅이 어려워 보였다. 또 인터넷 포털 사이트 로드뷰로 찍어보면 2~3년 안에 주변 상점들이 자주 바뀌어서 100년은 커녕 10년 유지도 어려워 보였다. 호젓한 변두리 지역은 그린벨트여서 개발에 제한이 있거나 임대 규모가 너무 커서 여러 가지 부담이 되었다. 규모가 크면 평당 인테리어 비용이 굉장히 많이 든다. 만에 하나 장사가 안 되면 임대료야 몇 개월 내고 끝내면 되겠지만, 인테리어 초기 투자금은 회수할 수가 없어 감당할 자신이 없었다.

당장은 커피만으로 승산을 낼 수 있는 20평 내외의 규모가 필요했다. 자금이 많지 않았으니 더 안전하고 확실한 장소가 필요했다. 그렇게 돌고 돌아 1년 만에 다시 내 고향, 노량진으로 돌아왔다. 그곳이 당시의 나에게 최선이라 믿었고, 그곳에서 로스터리 카페가 시작되어 SsoH의 2호점 공장점이 세워졌다. 그리고 이후 동작구, 영등포구에 걸쳐 8개의 크고 작은 SsoH 카페를 연이어 오픈했고, 지금까지 비교적 안정적으로 운영하고 있다.

장사하기 좋은 자리는 없다 내가 정말 잘 아는 자리만 있을 뿐

/

카페를 창업하기로 했다면, 초기에 나처럼 '위치'에 대한 고민이 가장 먼저 들 것이다. 하지만 내 생각에 '장사하기 정말 좋은 위치'는 없다. 장사하기 전에는 그 누구도 '좋은 위치'라고 판단할 수 없기 때문이다.

보통 프랜차이즈 카페나 식당을 창업하려고 본사에 의뢰하면, 나름 전문가라는 사람들이 와서 '상권 분석'이라는 것을 해준다. 그 전문가의 분석이 정확하다면, 점주가 어느 정도만 열심히 해도 프랜차이즈 지점 중 망하는 곳이 없어야 한다. 하지만 너무도 많은 프랜차이즈 지점들이 3년을 못 버티고 망해서 나가는 것이 현실이다. 망한다고 해서 전문가가 책임져주는 것도 아니다. 그 모든 비용과 시간은 고스란히 점주의 몫이다. 그러니 본인이 좀 더 발품을 팔며 많은 고민을 해야 한다.

장사하기 좋은 위치를 알아보는 가장 적합한 방법은 자신의 경험을 살리는 것이다. 자신이 살았던 동네라든지, 자신이 근무했던 직장 근처라든지 본인에게 익숙한 동네에서 카페 자리를 알아보는 것이 가장 바람직하다. 전혀 알지 못하는 낯선 동네에서 굳이 자리를 알아봐야 한다면, 더 많은 발품을 팔고 더 많은 시간을 투자해야 좋은 장소를 찾아낼 수 있다.

그리고 기한을 미리 정하고 자리를 알아보기보다, 충분한 시간을 가지고 차분하게 알아보는 것이 좋다. 여유가 있다면 봄, 여름, 가을, 겨울 사계절을 모두 확인하고 정하라고도 하고 싶다. 상권에 따라서는 여름과 겨울의 매출 차이가 극단적으로 많이 날 수도 있기 때문이다.

가능한 많은 자리를 알아보는 것도 중요하다. 내가 원하는 자리가 아니더라도 더 많은 자리를 알아볼수록 더 많은 데이터가 쌓이고, 내가 원하는 자리가 생겼을 때 임대료가 적정한지 알아볼 수 있는 지표가 생기기 때문이다. 결국 오래, 그리고 많이 알아볼수록 유리하다.

SsoH의 경우는 지점을 늘릴 때마다, 미리 생각해놓은 지역의 곳곳

장사하기 좋은 위치를 알아보는 가장 적합한 방법은 자신의 경험을 살리는 것이다. 여유가 있다면 기한을 미리 정하고 자리를 알아보기보다, 충분한 시간을 가지고 자리를 알아보는 것이 좋다.

을 돌아다녔다. '임대'가 붙어 있는 매장을 심심찮게 볼 수 있었다. 그리고서 전화를 해 보증금과 임대료, 내부 평수, 기존 시설 현황, 권리금, 가능하면 내부도 확인했다.

앞서 말한 것처럼 꼭 자신의 마음에 들지 않아도 상관없다. 매장을 보는 눈을 기르기 위해서라도 가능한 많은 매장을 직접 자신의 눈으로 확인하는 것이 좋다. 그렇게 빈 매장을 찾아본 다음에는 근처 부동산을 방문했다. 요즘에는 인터넷 사이트에서 매장을 찾는 경우가 많은데, 인터넷 사이트는 해당 지역에 대한 상세한 정보가 없이 단순히 매장을 내놓은 사람의 정보만 일방적으로 올리는 경우가 많기 때문에 되도록 동네 부동산에서 찾는 것이 이롭다. 동네 부동산은 동네 환경이나 해당 매장의 이력 등에 대해서도 알려줄 수 있기 때문이다. 또한 계약이 성사되어 임대받았는데 예상치 못한 문제가 생겼을 때에도 동네 부동산이 가장 좋은 중재역할을 해준다. 지리적으로 근처에 있기 때문에 찾아가서 여러 궁금한 것을 물어보기에도 편하다.

05

매출 높이는 상권분석 포인트

어느 정도 조건에 맞는 자리가 있다면 그 다음에 할 일은 '상권 분석'이다. 좋은 자리를 찾는 가장 확실한 방법은 '절박하게' 자신의 품을 파는 것이다. 결국 그 누구보다 절박한 사람은 본인이기 때문이다.

카페 상권분석에 가장 중요한 것은 '주변의 유동인구'다. 상권은 크게 두 가지로 나눌 수 있다. 하나는 '고이는 위치'이고, 다른 하나는 '흐르는 위치'이다. 많은 사람들이 그저 빠르게 스쳐 지나가는 '흐르는 위치'에서는 정작 카페에 들어가서 커피를 사서 마시는 사람은 많지 않다. 반면에 '고이는 위치'에서는 사람이 많지 않더라도 그 사람들이 꼬박꼬박 출근도장을 찍어 주면서 커피를 마시기 때문에 높지 않아도 꾸준한 매출을 올릴 수 있다. 같은 아파트 단지라고 해도 젊은 맞벌이가 많이 사는 베드타운은 낮에 장사하기가 힘들다. 낮에는 일하러 나가고,

밤에 잠만 자러 오기 때문이다. 그러나 아파트 단지에 학교도 많고, 상업시설도 많아 밤낮으로 활발히 사람들이 오가는 고인 곳은 장사하기가 수월하다.

'고이는 위치'인가 '흐르는 위치'인가 파악하라

/

같은 상업 구역 내에서도 '흐르는 위치'의 대표적인 예가 버스정류장이나 횡단보도 앞이다. 버스를 타기 위해, 길을 건너기 위해 사람들이 많이 모이지만 정작 여기서 커피를 사먹는 사람들은 생각보다 적다. 사람들이 어디론가 바삐 가거나, 무언가를 기다리고 있기 때문에 다른 일을 할 여유가 없기 때문이다. 그리고 이런 곳은 잠시라도 머무르기보다는 빨리 거쳐 가야 하는 곳이기 때문에 사람들이 좀처럼 발걸음을 멈추지 않는다. 반대로 '고이는 위치'의 대표적인 예는 오피스빌딩의 1층 또는 그 인근이다. 그런 곳에서는 거의 출근도장을 찍듯이 커피를 마시는 사람들이 많고, 적정한 수준의 커피 품질만 유지하면 단골을 유치하기도 쉽다. 따라서 상권을 분석할 때는 단순한 유동인구만 알아보는 것보다 얼마나 많은 사람들이 커피를 사 마실지의 확률을 계산하는 일이 더 중요하다.

그러면 어떻게 품을 팔아서 그런 상황을 판단할 수 있을까? 첫 번째 방법은 주변 카페의 규모에 따른 근무 인원을 확인하는 것이다. 특히 점심시간에 몇 명이 근무하는지를 잘 봐야 한다. 만약 점심에도 한 명이 근무를 하고 있다면 그 카페는 큰 매출을 올리고 있지 못한다고 봐도 무방하다. 두 번째 방법은 카페 안에 직접 앉아서 매출을 계산하는 것이다. 아침부터 저녁까지, 한가한 시간대와 피크 시간대로 나눠서 매출을 파악해보면 더 좋다. 평일과 주말을 나눠서 하면 더 정확하다. 많은 데이터를 확보할수록 실패 확률은 줄어든다.

그런데 만약에 주변에 경쟁 카페가 없다면 어떻게 해야 할까? 그런 때에는 하루 종일 그 앞에 서서 지나다니는 사람들을 관찰하면 된다. 사람들이 자신이 알아보려는 가게 앞을 빠르게 지나가는지, 여유 있게 지나가는지를 살펴보자. 그리고 그 사람들이 음료 컵을 얼마나 가지고 다니는지도 같이 봐야 한다. 특히 점심시간대에 커피를 마실 만한 직장인들이나 학생들이 얼마나 음료를 들고 다니는지를 확인해야 한다. 어

	고이는 위치	흐르는 위치
뜻	• 사람들이 충분한 시간을 갖고 여유롭게 머무른다.	• 유동인구는 많지만, 대부분의 사람이 머무르지 않고 스쳐 지나간다.
예	• 오피스빌딩 인근 • 초중고 학교가 있고 학부모가 많은 아파트 단지 • 공원이나 운동시설 근처 • 민원인 방문이 잦은 관공서	• 지하철역, 버스정류장, 횡단보도 앞 • 독신, 혹은 맞벌이 젊은 부부가 거주하는 베드타운 아파트단지
고객 특징	• 단골카페에 주기적으로 방문하여 커피를 소비 • 가격 탄력성이 낮음 • 프랜차이즈 브랜드의 영향이 상대적으로 낮음	• 꼭 필요한 경우가 아니면 커피를 소비하지 않음 • 프랜차이즈 브랜드에 대한 선호도가 높음

쨌거나 카페 매출의 상당 부분은 점심 매출이 좌우하기 때문이다.

행정과 기술적인 요소도 미리 파악하라

/

매장 위치를 선정할 때 행정적인 요소와 기술적인 요소들도 미리 고민하면 추후에 예상치 못한 어려움들을 사전에 피할 수 있다.

먼저 해당 위치가 음식점으로 사용 가능한지를 확인하는 것이 중요하다. 기존에 어떤 용도로든 음식점을 하던 곳이라면 카페로 창업하기에 큰 문제가 없을 가능성이 높다. 하지만 사무실과 같은 장소로 사용되었던 곳이라면 음식점 인허가가 가능한 곳인지, 기반시설을 갖추고 있는지의 문제를 살펴봐야 한다. 인허가와 관련한 문제는 점포가 위치한 지자체 위생과로 전화해서 물어보는 것이 가장 안전하고 확실한 방법이다. 위생과 담당직원에게 주소와 건물 내 위치를 말하면 인허가가 가능한지의 여부를 잘 알려준다. 참고로 음식점은 크게 '일반 음식점'과 '휴게 음식점'으로 나누어진다. 카페는 둘 중 어떤 것으로 해도 상관이 없지만 카페에서 맥주나 와인과 같은 주류도 함께 판매할 예정이라면 반드시 '일반 음식점'으로 허가받아야 하고, 사업자등록 시에도 주류 판매 허가를 같이 받아야 한다.

기반시설의 문제는 크게 전기와 상하수도와 관련 있다. 카페는 생각보다 많은 전기를 사용한다. 카페 운영에 가장 중요한 에스프레소 머신 사용만 하더라도 웬만한 중소 규모의 사무실에서 사용할 만한 전기를 필요로 한다. 그 외에 뜨거운 음료를 위한 온수기, 차가운 음료를 위한 제빙기, 쾌적한 환경을 위한 냉난방기까지 제대로 운용하려면 생각보다 꽤 많은 전기 용량을 가지고 있어야 한다.

따라서 해당 위치에 기존에 들어와 있는 전기 용량을 확인하고, 만약에 그것만으로 충분하지 않다면 용량 증설이 가능한지를 미리 확인해야 한다. 건물에 따라서는 전기 용량을 원하는 만큼 증설하는 것이 불가능하거나 또는 많은 비용이 들어가는 경우도 있기 때문에 사전에 확인하는 것이 바람직하다.

잘못 걸리면 골치 아픈 상하수도 시설

/

의외로 해당 매장에 상하수도가 들어와 있지 않거나, 상수만 들어와 있는 경우도 종종 있다. 또는 예전에는 상하수도 시설이 있었지만 이전 가게에서 인테리어를 하면서 묻어버린 경우도 있다. 상하수도가 있다는 이야기만 믿고 공사를 시작했는데 막상 까보니 오랜 시간 사용을 안 해서 현재는 사용이 불가능한 경우도 있을 수 있다는 것이다. 또는 건물주가 규모가 큰 하나의 공간을 2~3개 공간으로 분할해 임대를 주는 경우에 상하수도 설비가 한 곳을 제외한 다른 곳에는 없는 경우도 있다. 건물주가 공간을 분할할 때 상하수도 분할을 놓쳐서 이미 인테리

▲ SsoH 공장점 점심시간

주변 카페의 규모에 따른 근무인원을 확인해보라.
특히 점심시간에 몇 명이 근무하는지를 잘 봐야 한다.
어쨌거나 카페 매출의 상당 부분은 점심 매출이
좌우하기 때문이다.

어 해놓은 다른 매장의 바닥을 까고 공사를 하는 골치 아픈 일이 종종 벌어지는 것을 본 적이 있다.

새롭게 카페를 시작하는 지인이 이런 일을 당한 적이 있다. 기존에 핸드폰 매장을 하던 곳이라서 계약을 했는데, 알고 보니 상수는 정수기 마실 물을 연결하기 위해서 빼놓고서 하수는 연결이 안 되어 있었다. 바로 하수 위치를 알아보았더니 옆 매장의 바닥을 3미터 가량 뚫어야만 연결이 가능한 상황이었다. 멀쩡하게 영업하는 다른 매장의 바닥을 뜯는 공사를 하는 것이 현실적으로 너무 어려워서 결국에는 꽤 많은 비용을 들여 매장과 인접한 인도의 하수구와 연결하는 공사를 해야 했다.

SsoH 본점의 경우도 처음 공사할 때 상하수도에 문제가 있었다. 기존에 소매점을 하던 곳이어서 상하수도를 사용하지 않았다. 그래도 제법 큰 빌딩이어서 상하수도 설비 도면이 잘 남아 있었고, 그 도면만 믿고 덜컥 매장 계약을 했다. 그런데 막상 공사를 시작했더니, 도면상으로는 분명히 남아 있는 상하수도가 보이지 않는 것이다. 헤집고 결국 찾아냈는데, 우리 설비가 옆 매장으로 들어가 있었다. 일단 상수는 따올 수 있었다. 문제는 하수였다. 하수 연결은 기울기를 맞추기 위해서 옆 매장의 바닥을 상당히 많이 까내야 했는데, 그게 또 지하 천장과 맞닿아 있어서 현실적으로 불가능했다. 결국 본점은 하수 펌프를 사용해서 하수를 천장으로 강제로 올린 후에 이것을 2층 하수와 연결해 배출하는 복잡한 방식을 사용할 수밖에 없었다.

당장의 문제는 해결되었지만 이 문제는 두고두고 우리를 괴롭혔다.

어느 날 아침 본점 직원의 다급한 호출을 받아서 가보니, 본점 지하 천장에서 물이 주르륵 새고 있었다. 황급히 문을 열고 들어가니 바닥이 흥건하게 젖어 있었다. 밤사이에 알 수 없는 전기 문제로 분전함이 내려갔고, 하수 펌프가 정지하니까 하수로 내려가야 하는 물들이 모두 본점 바닥으로 흘러내렸다가 지하로 스며들어 새는 것이었다. 한 나절은 물을 닦고 집기를 말리느라 고생했다. 그 후에 하수 펌프 위치에 방수 처리를 해놓기는 했지만 같은 문제가 또 생길 수 있어서 지금도 항상 긴장하고 있다.

때문에 이런 복잡한 일들을 사전에 방지하려면 상하수도 공사 가능 여부와 공사 비용을 미리 확인하는 과정이 필요하다.

그리고 만약 이러한 기본설비를 당장 현장에서 확인할 수 없고, 건물주의 말만 믿고 진행해야 하는 경우에는 반드시 임대차 계약서에 특약사항으로 건물주가 약속한 기본설비의 범위를 명기하는 것이 필요하다.

06

메뉴와 가격을 정하기 전에

프랜차이즈 카페 운영에 실패했던 이유는 앞서 설명했듯이 본사의 상권에 대한 이해가 없었던 일방적인 메뉴와 가격 책정 때문이었다. 카페를 어디에 차렸느냐에 따라서 메뉴와 가격 책정은 달라질 수밖에 없다.

SsoH도 네 번째 지점까지는 전 지점 가격이 동일했으나, 지금은 임대료와 구매자 사정을 파악해서 지점 가격을 다르게 책정했다. 또한 학원가나 회사 밀집 지역에는 평일 테이크아웃 할인을 적용해 가격에 변동을 주었다. 매장의 환경과 가치에 맞는 가격을 잘 정해서 고객의 만족도를 높이면 상권의 단점은 잘 보완할 수 있다.

1, 2호점을 오픈했을 때는 가격 책정에 대한 고민이 크지 않았다. 두 곳 다 노량진이라는 특수상권에 위치했기 때문에 아무래도 주고객이 고시생들이라고 판단해서 커피 가격은 저렴하게 책정하는 게 맞는다

고 생각했다. 그러나 선불권을 두 지점 모두 사용해도 되는지에 대한 고민은 심각하게 했다. 뒤에 더 자세히 말하겠지만 '선불권'이란 선결제 쿠폰으로 미리 20잔을 결제하고 22잔을 먹는 출석 쿠폰이다. 선불권을 사용할 때에 구매한 지점에서만 사용하게 할 것인가, 1, 2호점에서 동시에 쓸 수 있도록 할 것인가의 문제는 SsoH의 확장성과 관련된 문제이기도 했기 때문에 동시 허용으로 결정했다. 이 결정은 3호점인 교육점을 오픈했을 때도 큰 고민이었는데, 선불권을 3호점까지 허용하려면 기준이 되는 아메리카노 가격을 같게 책정하거나 높일 경우에는 차액을 받아야 했기 때문이다.

3호점은 고시생들이 많은 고시촌이 아닌 가족 단위의 아파트촌에 위치한 매장이었다. 매장 규모가 작은데도 임대료가 주변 시세보다 상당히 높았다. 같은 상권 내 주변 커피숍의 가격도 합리적인 선으로 잡혀 있어 거기에 따르면 되었다. 주변과 경쟁하기보다 같이 어울리고 싶기도 했지만 결국 아메리카노 테이크아웃 가격을 1, 2호점처럼 1,500원으로 정했다. 선불권 동시 사용이 그만큼 단골확보에 도움이 되었고, SsoH를 아는 단골손님들이 거주하는 동네라 가격으로 잡음이 생기는 것을 원치 않아서였다. SsoH 이익을 낮추고 좋은 커피를 싸게 먹을 수 있는 기회를 고객에게 제공하고자 하는 생각이었는데, 2장에서 자세히 얘기하겠지만 결과적으로 이 가격 결정은 SsoH 브랜드 안에 소속한 직원들을 배려하지 못한 결정이었다.

가성비가 좋은 커피 탓에 손님들은 3호점인 교육점 문밖까지 줄을 서서 기다리는 광경이 펼쳐졌고, 빨리 소진되는 콩을 보충하기 위해 로

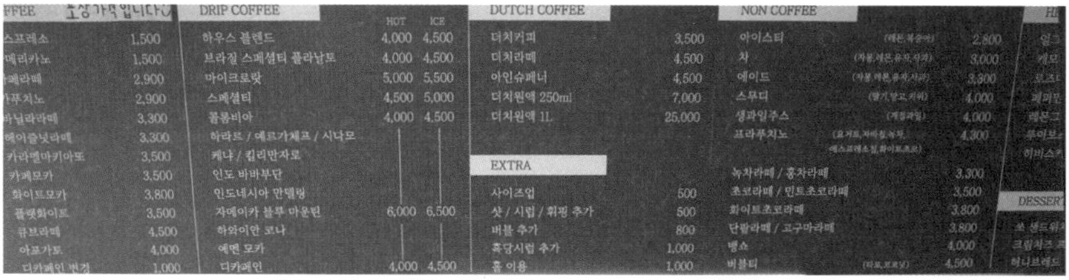

▲ 노량진에 위치한 본점의 메뉴판

스터는 새벽까지 콩을 볶느라 체력이 바닥났다. 관리자들은 주문한 물품을 뜯어 채워 넣는 것만으로도 많은 에너지를 소모해야 했다. 바리스타들은 매장에 온 손님들의 얼굴을 쳐다보기는커녕 인사조차 할 수 없이 바빠 친절한 응대를 기대할 수 없는 곳으로 전락했다. 기계적으로 의미 없이 음료를 뽑아내며 나와 우리 직원들의 다크서클이 눈 밑으로 내려가는 걸 보고 나서야 결국 가격을 올렸다.

커피의 품질+고객 서비스=커피값

/

어느 칼국수 집에서 면을 사다 쓰지 않고, 직접 반죽해서 손칼국수를 만든다고 생각해보라. 그 가치가 일반 칼국수집과 같아서야 되겠는가? 거기다 밀농장을 직접 운영하거나 밀 재배하는 곳까지 직접 찾아 좋은 밀을 제공받고 있다면, 일반 칼국수와 비교하며 싸다 비싸다 논하는 것부터가 적절치 않다.

3장에서 자세히 말하겠지만 나와 남편은 세계 커피산지를 발로 찾아

디니며 좋은 커피콩을 직접 수입해서 쓰기 시작한 무렵에 5호점인 무역점을 오픈했다. 이때 커피 가격을 완전히 재정비했다. SsoH 커피의 가치가 스타벅스보다 못할 것이 없다고 여긴 나는 커피 가격을 스타벅스와 비슷하게 맞췄다. 작은 규모의 매장들이 모여 조직이 생겨나고 그렇게 만들어진 주식회사 커피팩토리쏘가 커피 하나만 놓고 쌓아온 수고와 노력을 가치로 환산하면 굉장했다. 그 커피를 1,500원 저가 커피에 머물러 있게 두고 싶지 않았다. 직접 로스팅을 하고, 물류를 챙기고, 좋은 콩을 찾겠다며 브라질, 탄지나아, 인도, 베트남, 네팔을 탐방한 수고를 기억하고, 우리부터 커피를 가치 있게 대하겠다고 다짐하고 나니 가격을 결정하는 데 좀 더 자유로워졌다.

칼국수집이나 커피집이나 사장의 철학과 기술(지식), 노력이 가격에 녹여지는 것은 당연한 일이다. 그렇게 가격을 인상했다.

저가 커피에서 탈바꿈하기 위해 무역점 커피 가격을 높였던 SsoH는 초기 운영 전략으로 SsoH에서 가장 수준 높은 바리스타들로 근무자를 집중 배치했다. 경험이 많고, 연차가 높고, 고객 응대가 뛰어나 커피 품질과 고객 서비스에서 만족할 수밖에 없는 선임 바리스타들로 배치하고 운영했다. 이런 노력이 더해져서인지, 긴 시간 근거리에서 SsoH를 지켜보고 함께해준 고객들이 있어서인지 큰 잡음 없이 무역점은 지금까지도 상당히 안정적으로 운영되고 있다. 우리의 가치를 공유해가고 우리의 노력을 알리다 보면 지금보다 더 많은 시간이 지나면 지날수록 더 많은 사람들에게 인정받게 되지 않을까 기대한다.

07

동네카페에는 확실한 콘셉트가 필요하다

카페를 세우려고 했을 때부터 생각해두었던 콘셉트가 있었다. 바로, 공장 콘셉트.

콩을 볶는 커피공장 콘셉트로 오픈하고 싶다는 이야기를 왈츠와닥터만 박종만 관장님께 했더니, 관장님은 일본에 출장을 갔다가 우연히 마주한 커피공장 이야기를 해주셨다. 관장님이 어느 커피공장에 우연히 들리게 되었는데, 공장 문을 여는 순간 확 쏟아지던 커피 냄새와 콩 볶는 소리에 사로잡혀 커피에 매료되었다는 이야기였다. 그 순간적인 여운이 오래 남아 커피를 시작하게 되었다고 하셨다.

관장님은 내가 추진하는 공장형 카페의 콘셉트를 들으시고, 일본에서 본 커피공장이 연상된다며 그 공장 콘셉트를 적극적으로 표현해내게 지휘하셨다. 나는 '공장'이란 이미지만 간단하게 생각했을 뿐이지,

깔끔하게 블루진을 입고 역동적으로 움직이는 공장 노동자를 상상하지는 못했다. 관장님의 이야기를 듣고서 거친 공장과 깔끔한 카페가 만나면 유니크하겠다는 생각이 들어, 그런 그림을 상상하며 인테리어를 시작했다.

공장 콘셉트의 청색으로 색을 정했다. 전면은 코발트블루의 폴딩도어로 맞췄고, 벽면은 상아색으로 다소 거친 질감을 살렸다. 그리고 나는 노동자를 상징하는 블루진에 청앞치마를 재단해서 입었다. 콩 볶는 공장의 소리와 움직임을 효과적으로 보이게 하기 위해 로스터기는 로스터실을 정식으로 만들어 전면 배치했다. 머신이 있는 주방 바가 출입구에 가까웠으면 더 좋았겠지만, 매장의 컨셉이 '공장'이었기에 로스터기를 더 앞세웠다. 그렇게 해서 노량진2동 매장에는 1평짜리 제조업소와 25평짜리 카페가 한 곳에 담겼다.

그런데 생각보다 인테리어 비용이 많이 들었다. 무엇 하나 대충하지 않는 관장님은 비용이 들수록 까맣게 타들어가는 내 속은 모르시고 "다시!", "이런 거 말고~", "이게 최선이니?"라는 말들을 자주 하셨다. 관장님에게 '적당'이란 없었다. 최고와 최선을 계속 끌어내셨다. 출입구 전면에 폴딩을 하기로 결정하고 문짝 수를 논의하는 일만 해도 그러했다. 기성품 폴딩은 최대 60센티미터 간격으로 프레임이 나온다고 했더니, 관장님은 그럼 왜 기성품에서 찾느냐면서 문짝 너비를 더 넓히고 프레임을 얇게 제작해주는 공장을 찾아보라고 했다. 나 같았으면 기성품의 최대치가 60센티미터라니까 그럼 그걸로 해달라고 결론내었을 텐데, 관장님은 그런 기성품은 쓰지 말라고 호통을 치셨다.

다시 생각해봐도 관장님은 한계를 뛰어넘어 생각하고 그 이상의 것을 찾는 도전가이신 것 같다. 그렇게 찾게 된 널찍한 80센티미터 간격의 문짝 프레임은 공장점의 자랑할 만한 파사드가 되었다. SsoH 카페의 얼굴이 밝고 환해졌다.

WHY NOT?
/

공사하면서 관장님이 제일 많이 했던 말은 "Why Not?"이었다. 현장에서 이 말을 하도 많이 들어서 그런지, 나도 SsoH 지점을 여러 개 만드는 동안 이 단어를 정말 많이 쓴 것 같다. 결과적으로 더 나은 생각을 하게 하는 긍정적인 질문이었다.

SsoH의 인테리어는 결과적으로 성공이었다. 누가 봐도 예뻤고, 주변 지역까지 밝게 만들었다. 나보다 훨씬 많은 경험과 감각으로 시공 아저씨처럼 과감하게 진두지휘해준 관장님 덕분이었는지, 인테리어가 예뻐서 그런지, 커피 맛이 좋아서 그런지, 신기하고 다행스럽게도 공장점은 오픈 때부터 줄 서서 커피를 사먹을 정도로 무척 장사가 잘되었다. 지나가는 사람들이며 손님이며 동네에 오아시스 같은 곳이 생겨 좋다는 이야기를 많이 들려주셨다.

기존 '커피컬처'로 있던 카페도 이때 'SsoH'라고 간판을 바꾸었다. 그리고 공장점 인테리어를 하며 남은 자투리 페인트와 나무, 철, 그리고 인품을 조금 더해서 동시에 인테리어를 바꾸었다. 인테리어 비용은 결

공사하면서 관장님이 제일 많이 했던 말은 "Why Not?"
이었다. 결과적으로 더 나은 생각을 하게 하는
긍정적인 질문이었다.

카페
SSOH

SSOH
COFFEE FACTORY

수많은 농부들의
수고와 땀방울을 기억하며.

과적으로 예상보다 많이 오버되었지만 결과물은 상상을 뛰어넘었다. 촌스럽고 칙칙함을 벗어버리고 세련미가 넘쳤다. 이렇게 두 곳의 카페 인테리어가 완성되었을 때, 어디를 1호점으로 할 것인지를 두고 굉장히 고민했다. SsoH라는 브랜드를 만들고 콩의 가치를 어렴풋이 알기 시작한 시점이 된 노량진 2동 카페를 본점으로 할지, 베이커리 카페부터 같은 자리에서 오랫동안 자리해온 노량진 1동 카페를 본점으로 할지 말이다. 본점을 정하는 일은 창업 순서에 대한 고민이면서, 앞으로의 지점을 어떤 기준으로 정해갈 것인지에 대한 철학을 반영하므로 신중히 고민했다. 한 곳에서 가장 오래 카페 역사를 써온 노량진1동 지점을 '본점'이라고 하고, 콩을 볶는 노량진2동을 '공장점'이라고 정했다. 남들처럼 오픈한 순서대로 1, 2호점이라고 하지 않고, 서울역점, 홍대점, 강남점 같은 동네 지명을 사용하지도 않고 우리가 세운 지점의 '기능'을 담아 이름을 만들기로 했다.

인테리어 후 과연 잘될까 싶었던 걱정이 무색하게 본점은 공장점보다 뛰어난 매출을 기록했다. 오픈하자마자 줄 서서 먹는 집이라며 블로그에도 떴다. 어떤 효과가 이런 변화를 일으켰는지 확실히 말할 수 없지만 1년 가까이 커피를 집중적으로 배우고, 인테리어 콘셉트 어느 하나 쉽게 결정하지 않았던 수많은 고민과 되도록 후회를 적게 하는 결정들이 이런 긍정적인 결과를 가져오지 않았나 추측할 뿐이다.

SsoH 인테리어에서 몇 가지 눈에 띄는 공통점이 있다. 그중 가장 첫 번째는 단연 전면 코발트 블루의 폴딩창이다. 본점에는 날이 좋은 날은 문을 활짝 열어 내부와 외부의 경계를 없앤다. 그 경계에 앉아 마시는 커피는 꿀맛이다. 출입구 옆 내부 창가에는 창밖을 보고 앉을 수 있게 테이블과 의자를 길게 배치했다. 비록 혼자 이곳에 오더라도 창 밖의 사육신 공원을 보고 커피를 마실 수 있도록 가장 풍경 좋은 자리를 고객에게 제공했다. 그리고 SsoH 모든 지점에는 고재가 있다. 오래된 나무는 테이블로도 손색이 없고, 인테리어 효과도 높다. 고급 원목 테이블은 우리 인테리어의 핵심이다. 주방은 가급적 출입구 가까이에 배치했고, 열린 주방을 택했다. 그러다 보니 손님으로 온 아이들이 가끔 주방 안으로 뛰어 들어오기도 하지만, 그만큼 경계 없이 개방한 주방은 바리스타들의 무대이므로 우리의 모든 동작이 투명하게 보이도록 열어두어 고객들에게 신뢰감을 주고 있다.

이러한 내 경험에 비추어 카페 콘셉트를 정할 때 인테리어적인 면에서 중요한 점을 몇 가지 제시하면 다음과 같다.

첫 번째 중요한 것은 외부 칼라이다. 손님들이 멀리서 색깔만 보고도 내 카페의 특징을 알 수 있게 하는 것이 중요하다. 스타벅스는 초록색, 이디야는 파란색, 빽다방은 노란색을 떠올리게 하듯이 말이다.

두 번째로 개방감을 주는 창이 중요하다. 폴딩창으로 할 것인지, 전창으로 할 것인지에 따라 카페가 주는 느낌이 많이 달라진다.

마지막 세 번째로 내부 소품과 가구의 질이 중요하다. 커피잔이나 테이블, 의자 등을 어떤 느낌으로 통일할지 생각해두어야 한다. 빈티지 콘셉트인지, 모던한 느낌인지, 아기자기한 느낌인지 자유롭게 선택하되, 그 공간에서만큼은 손님이 특별한 대접을 받는다는 느낌을 갖도록 하는 것이 중요하다.

08

동료, 평생친구, 평생손님이 되어줄 알바

지금의 SsoH가 있을 수 있도록 가장 큰 도움을 준 사람은 초창기 때 함께 해주었던 알바생들과 직원들이다. 일에 힘들고, 사람에 힘든 지금도 가끔 그들을 떠올리며 힘을 내곤 한다. 초창기 때는 내 동료였으며, 지금은 평생친구, 평생손님이 되어준 알바생들과 직원들에 대한 기억을 잠깐 꺼내보고자 한다.

내 인생 첫 직원은 잊을 수 없다. 당시 너무 바빴던 나대신 남편이 면접을 보고 첫 직원을 발탁했다. 보연이라는 친구였는데, 그 친구가 면접을 보러 오는 날 하필이면 비가 억수로 쏟아졌다. 인천에서 노량진까지 성실하게 면접 보러 온 그 친구에 대한 첫인상은 남편에게 익히 들었기에 나 또한 좋은 기대가 있었다.

"비가 억수로 쏟아졌는데도 왔어. 근데 집이 좀 멀어. 인천에 산대.

집에서 여기까지 1시간 30분 걸렸대. 어제처럼 폭우가 쏟아진 날인데도 면접 보러 왔을 정도면 성실할 것 같지 않아?"

보연이는 우리 부부의 기대처럼 정말 성실했다. 매장에 직원을 뽑아야겠다고 생각했을 때부터 직원교육에 대한 프로그램을 미리 계획한 것은 아니었지만 성실한 보연이가 나와 같은 절차를 밟으면 나보다 더 잘해낼 것 같아 왈츠와닥터만 수업에 보냈다. 관장님의 만만치 않은 수업과 매장 일을 함께 병행하며 처음에는 힘들어했으나, 그녀답게 잘 성장하는 것을 보면서 이후에도 한 사람을 키우기 위해 많은 비용을 투자하는 것을 꺼리지 않기로 했다. 보연이는 근무하는 동안 SsoH의 지원으로 해외 커피산지로 탐험도 다녀오고 커피세미나도 듣고 로스팅도 배웠다.

사실 그 후로도 나는 직원 교육에 꽤 공을 들였는데, 보연이는 그 효과가 정말 잘 드러난 친구다. 그때부터 나는 직원 스스로 의지와 열정만 가지면 많은 내·외부 교육 프로그램에 참여하도록 비용을 지원해주었다. 한 예로 세계 커피산지 중에서 직원이 탐험가고 싶은 특정지역이 있다면, 그곳을 정한 이유와 목적, 가서 알고 싶은 것을 프리젠테이션 하도록 했다. 내용이 적절하다고 판단되면 비용과 시간을 아낌없이 지원했다. 그렇게 보낸 곳이 인도와 탄자니아, 브라질 등이었고, 매해 두 명의 직원이 이런 복지를 누렸다. 국내외에 인정받는 큐그레이더 자격을 갖고 싶다고 한 직원에게는 교육비와 시험비용을 지원해주기도 했다.

2014년, SsoH의 최초 직원이 된 보연이는 공장점을, 나는 본점을 맡아서 매장관리를 해나갔다. 근무와 물품관리, 인력관리, 로스팅을 하며 난 여전히 버거웠지만 보연이 덕에 정말 많은 시간을 아꼈고 수고를 덜 수 있었다. SsoH 매장운영 시간은 이른 아침 7시부터 늦은 밤 11시까지 365일 무휴로 이뤄졌다. 정규직에게는 주5일, 주40시간 근무를 지켜주었다. 행여 오버근무를 하면 해당 시간에 대해 1.5배의 월급을 주었다.

바쁜 매장 상황으로 직원 둘 외에도 더 많은 아르바이트생들이 필요했다. 생각해보면 카페창업 초기, 정말 좋은 인연들을 만났던 것 같다. 사건사고는 많았지만, 당시의 아르바이트생들과 직원들을 생각하면 내가 과연 그들의 도움 없이 여기까지 올 수 있었나 싶다. 시기마다 때에 맞게 만난 주옥같은 친구들은 나의 자산이고 큰 복이었다. 그들이 없었다면 나는 SsoH를 13년 동안, 8개나 지킬 수 없었을 거라고 감히 확신한다.

사장은 직원 편이어야 하는가,
손님 편이어야 하는가
/

나만큼이나 불같은 성격을 가지고 매장의 맏언니로 온 열정을 쏟아낸 민정이라는 친구도 기억난다. 일을 정말 똑소리 나게 잘했다. 재고관리며, 청소며, 돈 계산이며 실수가 별로 없었고 자기 근무시간에는 정말 최선을 다했다. 그런데 고객에게 사뭇 불친절하다는 소리가 들렸다.

▲ SsoH가 있게 해준 직원들

본인은 고객에게 친절하게 하고 있다고 생각했지만 다소 엉뚱한 고객의 반응에는 정색하고 미간을 찌푸리고 톤을 높여 말하니 불친절해 보인 것이다.

주말 알바생들도 새벽마다 민정이의 문자가 스트레스라며 불평했다. 거의 1년을 이곳에서 근무한 친구인데, 누구 편을 들어야 하나 참 어려운 문제였다. 민정이는 매장 오픈자로서 전날 마감이 미흡하면 하나하나 나열하면서 전날 아르바이트생들에게 한바닥 문자를 남겼다. 사실 민정이와 같은 책임감으로 서로 일하면 애초에 일어나지도 않을 일이었는데, 미숙했던 마감자는 본인의 구멍은 인정하지 못하고 민정의 문자만 불편하게 여긴 것이다. 그렇게 민정이는 동료들에게는 날카로운 언니였고, 손님들에게는 불친절한 직원으로 보이기도 했다.

직원들 편이 되어주는 건 쉽다. 누구나 인정할 만한 매너 없는 손님이라면 오지 마라고 하면 그만이니까. 그런데 어떤 인상 찌푸릴 행동 없이, 말도 없이 조용히 매장에 발길을 끊는 손님들이 많아지면 문제다. 조용히 등 돌리는 손님들이 무서운 법이다. 어쨌거나 손님들은 싫은 소리를 해도 우리 SsoH에 애정이 있기 때문에 하는 말이다. 간혹 자기의 이기와 이익을 위해서 막말하는 경우도 있지만, 그건 그냥 걸러버리면 된다. 우리 카페에 실망해서 조용히 사라지는 손님들에게는 해명이나 설명, 위로도 해드릴 수 없을 뿐더러, 조용히 발길을 끊어버리면 매장에 더 큰 손해로 이어질 게 뻔했다.

그래서 나는 민정이에게 여러 번 쓴소리를 했다.

"네 리더십을 전투적으로 드러내야 하는 상황은 조금 조심했으면 좋겠어. 동료에게든 고객에게든 전할 내용이 있으면 한 템포 쉬고 이야기해보는 게 좋을 것 같아."

사실 나도 민정이 편에서 얘기를 들어보면 이해되는 상황이었지만, 어찌하겠는가. 이런저런 사건을 만나면서 참는 것도, 웃는 것도 노력하다 보면 매장도 발전하고 우리도 성장하는 것 아니겠는가!

알바와 사기꾼

/

승연이라는 친구는 수줍음도 많았고, 겁도 많았다. 문제는 꼭 이 친구가 근무할 때 사기꾼이 등장해 사기를 친다는 것이다. 그리고 그때마다 승연이는 매번 포스에서 사기꾼에게 돈을 주었다.

예를 들면 이런 식이었다.

“사장님, 유치원 원장이라는 사장님 친구 한 분이 빵 40개를 주문하셨는데, 지금은 자기 차가 견인되어서 지갑이 없으니 내일 유치원으로 빵을 가져다주면 그때 결제하시겠대요. 그리고 지금 견인된 차를 찾으러 가야 하니 7만 원을 달라고 하셔서 먼저 드렸어요. 그 돈도 내일 빵값이랑 같이 주신대요.”

“어? 내 친구라고? 내 친구 중에 유치원 원장은 없는데? 몇 시쯤이었니? 내가 CCTV로 인상착의 확인해볼게.”

백바지를 입은 그는 난생 처음 보는 사람이었다. 사기꾼이었다. 그런 일이 몇 번 반복되었다. 여러 명의 사기꾼이 몇 번이나 우리 가게를 찾은 것도 신기했지만, 꼭 한 주에 몇 시간 일하지도 않는 주말알바 승연이가 일할 때만 이런 사건이 일어나는 것도 신기했다. 마음이 유리 같았던 승연이란 친구는 사기를 몇 번 당하더니, 더는 아르바이트를 못하겠다고 했다. 그런데 내가 놓아줄 수가 없었다. 그런 일만 겪게 하고서 그만두게 할 수가 없었다. 결국 세상은 악하다고 생각하고 등 돌리고, 험한 세상을 이겨낼 힘을 얻지 못할 것이라는 생각이 들었다. 그런 트라우마를 가지지 않도록 도와주고 싶었다.

“사기꾼이라는 직업 자체가 누구를 속이려 드는 것이기 때문에, 우리가 속는 게 어쩌면 당연한 것일 수도 있어. 그 정도로 노련하게 거짓말을 했다면 나였더라도 속절없이 당했을 거야. 그리고 바쁘고 정신없을 때를 일부러 노리는 것 같으니 그럴 때일수록 더 정신 차려야 해. 이

제부터는 어떤 경우라도 포스에서 돈 꺼내는 일은 절대 하지 말고, 누구라도 나와의 관계를 들먹이거나 나랑 전화통화는 것처럼 하고 들어와도 쇼하는 것이니 절대 돈은 주지 마. 의심이 들든 아니든 그냥 모든 경우에 나한테 꼭 전화를 줘. 확인하고 처리하자. 원칙적으로 포스에서 돈 꺼내서 주는 일은 나도 안 하고, 시키지도 않을게."

승연이는 연신 죄송하다고 말하며 많이 울었다. 서러웠을 거다. 그리고 자기가 돈을 메우겠다고 고집을 부렸다. 절대 받을 마음이 없었다. 그런데 그게 책임지는 법을 배우는 거고, 교육이 된다면 개인의 돈으로 메우는 것도 도움이 되겠다 싶었다. 나도 큰마음을 먹고 사기당한 돈의 반을 받았다. 그렇게 해서 그녀는 대학을 졸업할 때까지 카페 일을 했고, 신기하게도 그 후로는 더 이상 사기당하지 않았다.

승연이가 아르바이트를 그만둘 때가 왔을 즈음, 졸업을 앞둔 이 친구 덕을 많이 봤다. 산업디자인이 전공이었던 승연이는 우리 매장 단골쿠폰을 디자인해주는 등 자신의 세상으로 나가기 위한 연습을 많이 보여줬다. 지금은 유명 출판사에서 문제집 삽화를 맡아서 하는 전문디자이너가 되었다. 여전히 수줍음은 많지만 그녀의 20대 초반과는 180도 달라진 당당함이 느껴진다. 예쁜 건 말할 것도 없고, 정말 똑소리 나게 잘 성장했다.

평생손님, 평생친구가 되어줄 알바

/

희은이는 평일 저녁에 아르바이트를 하던 친구였다. 10개월쯤 하고 주말 아르바이트로 바꾼 경우인데, 주말로 옮기고도 꽤 오래 일했다. 합쳐서 2년 정도 한 것 같다. 예쁘장한 데다 밝고 똑똑하고, 또 사람을 유쾌하게 만드는 재주를 가지고 있었다. 아무 사고도 저지르지 않고 잘 일해주다 취업해서 아르바이트를 그만두었다. 그런데 그 후에도 기가 막히게 내가 힘들 때를 알고 무언가 먹거리를 들고 종종 방문했다. 너무 바빠서 온종일 아무것도 먹지 못한 날이 많았을 때, "지나가다가 사장님이 계셔서 들렀어요"라면서 한 아름 먹을 것을 주며 위로해주었다. 이런 위로를 상상도 못 했을 때라 불쑥 찾아온 그녀의 방문은 정말 나를 많이 울렸다. 딱 필요했던 끼니가 그녀로 채워졌던 몇 날에 대한 기억은 지금도 여전히 날 배부르게 만든다. 그런 동료를, 아니 그런 사람을 앞으로 또 만날 수 있을까.

유나라는 친구도 기억난다. 유나의 동생이 SsoH에서 2년 가까이 주말 알바를 했었다. 동생이 그만두면서 공무원 시험 준비하던 언니가 이어서 일해주었는데, 이 자매의 가족에 대한 기억이 참 애틋하게 남아 있다. 자매의 어머니까지 마감 때 맞춰 오셔서 딸들 일을 도와주시고 같이 정리해나가던 모습이 아직도 생각난다. 한참 시간이 흐른 어느 날, 어머니가 딸이 결혼한다고 청첩장 가지고 매장에 방문하셨던 기억도 난다. 여기서 애들이 아르바이트할 때 사장님이 너무 잘해주셔서 그만큼 재밌게 일했다고.

사람에 대한 기억은 혼재되어서 이들이 아르바이트했던 시기가 자영업자 몇 년차였을 때인지 헷갈린다. 간판은 바뀌었는지 몰라도 같은 곳에서 계속 카페를 하고 있어서 이렇게 만남이 이어지는 것 같다.

이런 경험이 쌓일수록 '100년 가는 카페'가 중요하다는 것을 느낀다. SsoH를 찾아주었던 직원들이나 고객들의 아이들이 커서 옛날에 엄마가 찾아왔던 곳이라며 오고, 그렇게 엄마랑 같이 추억을 쌓은 아이는 엄마가 보고 싶을 때 또 이곳에 와서 엄마를 추억하고….

카페가 한곳에 오래 머무를수록 손님들간 세대가 달라도 추억을 공유할 수 있게 되고 이야기 소재도 많아질 것이다. 그런데 과연 세입자로 장사하고 있는 본점과 공장점에서 100년 가는 카페를 만들 수 있을까? 이 자리에서만 올해로 13년차 커피를 만들고 있는데, 과연 세입자로 살면서 100년 가는 카페를 만들 수 있을지 모르겠다. 10년 후에도 30년 후에도 SsoH가 부디 한 곳에 오래 머물면서 좋은 추억을 가진 사람들을 맞이할 수 있으면 좋겠다.

09

카페 사장에게 이웃이 중요한 이유

나는 SsoH의 사장이기도 했지만, 세입자이기도 하다. 지점을 늘려가며 세입자로서 설움을 겪은 일이 참 많았다. 우리 부부가 사는 집에서 엎어지면 코 닿을 가까운 거리의 한 지점을 오픈 준비했을 때의 이야기다. 이미 나와 여러 차례 호흡을 맞춰본 적 있는 인테리어 업체에 모든 내부공사를 맡겼다. 내 예상대로 그 인테리어 업체는 매우 일을 알아서 잘해주었다. 그런데 문제는 전혀 예상하지 못했던 다른 곳에서 터졌다.

건물주가 가만있지 않았던 것이다. 당시 건물주는 해당 건물의 3층에 직접 거주했는데, 매일같이 시시때때로 공사현장에 나와 간섭을 했다. 사사건건 자신의 생각을 주장했고, 이 일은 결국 인테리어 공사를 더디게 만들었다. 건물주는 본인이 어떤 피해를 주는지 전혀 모른 채 매일같이 계속 문제를 일으켰다.

"화장실 문은 이쪽 방향으로 뚫었어야지."

"아이고, 여기 바닥은 더 쳐내야 보기 좋지."

"이왕 치우는 김에 우리 집 저기도 좀 치워줘!"

"이 자재는 되게 고급스럽네? 얼마야?"

"여기 벽은 이대로 흉측하게 둘 건가? 빨리 어떻게든 해야지!"

건물주는 인테리어 팀을 수시로 불러 우리에게 임대한 공간만이 아니라 사유지까지 정리해달라고 했다. 그럴 거면 임대하지 말고 본인이 직접 장사하지, 도대체 왜 우리한테 임대를 준 걸까? 보증금과 월세를 받고도 세입자에게 왜 전권을 넘기지 않는 걸까? 건물주의 인테리어 공사를 하는 건지, 세입자의 인테리어 공사를 하는 건지 알 수 없게 나와 정말 화가 났다. 공사가 보름 정도 지났을 때, 시공업체가 처음으로 내게 전화를 걸었다.

"정말 제가 이 바닥에서 잔뼈가 굵은데, 이런 건물주는 처음이에요. 민원중재도 저희 일이라 그동안 말도 안 되는 건물주의 잔소리며 간섭이며 요청도 다 받아줬는데, 해도 해도 너무한 것 같아요. 오늘도 저희 들어서자마자 나오더니 바닥을 이렇게 해라, 화장실은 왜 저렇게 했냐…. 한바탕 하고 가더라고요. 도저히 인테리어에 집중할 수가 없어요. 계속 건물주가 그렇게 많은 간섭을 하면 저희도 마감일을 맞추기도 어렵고, 마감은커녕 당장 내일 와서 할 일들만 생각해도 머리가 아파요. 이거 누구 말대로 작업할까요? 어떻게든 처리해주셔야겠어요."

애써 화를 가라앉히며 말하는 목소리에서 그동안 얼마나 마음고생이 심했는지 고스란히 전해졌다.

자영업자가 좋은 건물주와
좋은 이웃을 만나는 것은 천운

/

화가 머리끝까지 났다. 당장 달려가서 건물주와 담판을 짓고 싶었다. 하지만 어쨌거나 나는 세입자였다. 목이 꼿꼿한 건물주와 팽팽한 대결을 해봤자 득 볼 게 없었다. 화를 꾹꾹 참고 과도한 간섭과 무리한 요청을 자제해달라고 최대한 이성적으로 말씀드렸다. 하지만 말이 통하지 않았다.

남편이 부동산에 중재를 요청한 후에야, 건물주는 현장에 나오지 않았다. 본인이 얼마나 너무했는지 받아들인 건 아니었다. 건물주는 오픈하는 날 돌린 개업 떡도 우리가 보는 앞에서 패대기를 쳤다. 나에게 단단히 화가 나 있는 듯 했지만, 간섭이 없는 것만으로도 다행이라고 생각했다.

하지만 그것은 나만의 착각이었다. 나만 보면 휙휙 돌아서던 건물주였기에 매장에는 얼씬도 안 하는 줄 알았는데, 저녁마다 수시로 들어와 직원들에게 건물 주변을 청소시키는 등 여전히 월권을 행사하고 있었던 것이다. 심지어 직원들은 손님 응대 중에도 불려나가기 일쑤였다. 건물주와의 이런 갈등은 도대체 어디에 하소연을 해야 하는지 갑갑하기 그지없는 시간이 흐르고 있었다. 건물을 아끼는 마음에 그런 거라고 애써 이해해보려고 했지만, 대화가 잘 통하지 않는 막무가내 입장은 우리를 정말 지치게 만들었다.

참는 자에게 복이 온다는 말은 틀린 말이 아니었던 걸까. 다행히 언제부터인가 건물주 아주머니를 대신해서 점잖은 아들이 나섰다. 주인 부부는 남쪽 지방으로 내려갔고, 아들은 근처 아파트에 살면서 우리에게 문제가 생길 때만 얼굴을 보였다. 그제야 안도의 숨을 내쉬었다. 이후에 건물주가 살던 층으로 이사 온 세입자 분도 참 좋은 사람이었다. 명절에도 과일을 나눠 주시고, 건물의 공용 부분을 관리하는 부분에서도 통장처럼 잘해주셨다. 정화조며, 전기요금이며 그분이 다 연락하고 정리해서 건물 1, 2, 3층 민원은 없었다. 또 SsoH 커피의 단골이 되어주기까지 하면서 우린 서로에게 좋은 이웃이 되었다.

나는 자영업자로서 좋은 이웃, 좋은 건물주를 만날 수 있는 것도 복이라고 생각한다. 몇 년 후, 그 분은 이사를 나가면서 작은 선물을 주셨다. 이사 가는 곳이 멀진 않아도 매일은 못 온다며 잘 지내라는 인사를 전해주셨다. 난 아직도 그분의 떠난 자리가 못내 아쉽다. 이 경험을 통해 자영업자가 좋은 건물주를 만나고, 좋은 이웃을 만나는 것이 천운이라는 것을 뼈저리게 깨달았다. 이후 카페를 확장할 때마다 건물주와 철저히 계약조건을 확인하는 습관이 생겼다.

SsoH의 단골이었다가 바로 근처에 SsoH와 같은 가격의 커피와 메뉴, 우리 정책을 가지고 카페를 창업한 이웃도 있었다. 또 맞은편 상가를 이용하는 사람들이 자꾸 우리 가게 앞에 차를 대서 정중하게 사장님댁 손님이면 사장님 가게 앞에 주정차하도록 해주시라고 말씀드렸더니 이웃간에 야박하다는 말을 서슴지 않았던 이웃도 있었다. 그 사장은 자기 가게 앞에서는 흡연하지 않고, 굳이 길 건너 우리 가게로 넘어와 흡연하기도 했다. 사실 피해를 보는 내가 이웃에게 정중하게 이런 어려움이 있다고 말했을 때 "죄송합니다. 몰랐습니다. 앞으로 우리 고객들이 거기까지 가서 안 그러도록 공지해두겠습니다"라고 말하는 것이 정상적이고 상식적인 반응일 것이다. 그런데 돌아오는 반응은 "이웃간에 야박하네"였다. 만약에 우리 손님들이 우리 가게가 아닌 맞은편 상점을 막고 차를 댄다면 맞은편 사장님들은 어땠을까? 입장을 바꿔서 생각해도 내가 미안할 것 같고, 손님들에게는 "불편하셔도 민원이 있으니 거기 말고 여기에 대주세요"라고 재차 요청할 것 같다. 나는 좋은 이웃이 되고 싶어 이웃들 민원을 다 수용하는 편이다.

"간판조명을 꺼주세요."

"매장에서 우리 집이 너무 잘 보이는 것 같아요. 매장에 블라인드를 달아주세요."

"위에서 쓰레기 안 버리게 창문은 막힌 걸로 바꿔 달아주세요."

"화장실에서 담배꽁초 못 버리게 창문을 막아주세요."

"우리 집 쪽으로 넘어와 담배 안 피우게 좀 해주세요."

내가 먼저 좋은 이웃이 되어야 좋은 이웃을 만날 수 있다는 생각으로 난 오늘도 이런저런 텃새와 민원에 귀 기울이고 개선해나간다.

3,000만 원, 1,500만 원으로 창업하기

1 예산이 3,000만 원이라면, 기존 카페를 인수받아라

3,000만 원으로 카페창업이 가능할까?

상권이 어디이든 카페를 창업하는 데 3,000만 원 정도의 비용은 최소로 들 수밖에 없다. 무권리로 나온 곳이라도 철거 비용이 들고, 규모에 따라 다르지만 기본 인테리어 비용으로 3,000만 원은 든다. 여기에 냉난방기 및 커피관련 기계 구매, 초기 물품 비용으로 2,000만 원은 더 들기 때문에 카페창업은 보통 5,000만 원으로 잡는다. 그런데 그 반값으로 창업을 하고 싶다면? 불가능하지는 않다.

나도 SsoH의 8번째 지점인 '장승점'은 기존 카페를 인수받아 창업했다. 바닥 권리금과 집기까지 1,500만 원에 인수했고, 이후 냉난방기 교체 비용과 외부 간판, 내부 메뉴판 교체 비용으로 1,500만 원가량 들었다.

이전에 하던 그대로 했다면 더 아낄 수 있었을 테지만, 안 되던 카페를 인수받았다면 그대로 유지하기보다는 겉으로도 완전히 다른 변화를 주어야 하고, 변화를 알릴 수 있도록 완전히 바꿔내야 한다. 나도 적극적으로 외벽 시트를 SsoH의 블루 컬러로 바꿨고, 간판을 교체함으로 초기 투자를 아끼지 않았다. 물론 묵은 때를 벗겨내느라 내부를 다 드러내야 하는 대청소는 정말 고되었지만, 기존 카페를 인수받아 이어가는 것은 창업비용을 아끼는 방법 중 하나다.

2 예산이 1,500만 원이라면 카페가 입점하길 원하는 건물주를 발 벗고 찾아보라

SsoH의 일곱 번째 지점인 마을점은 리모델링을 앞둔 건물주가 3개월 후 들어올 세입자를 미리 찾고 모든 조건을 조정해준 경우에 속했다.

건물주가 만약 리모델링 직후 카페가 입점하길 원한다면, 건물주는 공사시 이런 부분을 고려해줄 필요가 있다. 조만간 카페로 리모델링을 하려는 건물주를 찾아 적극적으로 이야기하고 창업을 준비하는 것도 좋은 방법이다. 그 경우 간판비와 주방공사, 커피기계 비용으로 약 1,500만 원이면 새 가게에서 창업이 가능해진다.

건물주 입장에서도 깔끔한 카페가 들어오니 좋고, 리모델링한 후 임대료를 높일 텐데 고정 임차인이 생겨서 좋을 것이다. 공사할 때 건물주가 카페 집기가 들어가는 부분에 전기선을 잘 빼주고, 배치 도면을 미리 확보하여 통유리를 끼우는 대신 폴딩으로, 창을 넣는 부분에도 틀 색깔을 맞추고, 형광등 대신 레일등이나 매립 등을 고려하고, 외부 도색을 칠할 때 내부 도색도 칠해주고, 바닥 마감으로 에폭시를 깔아준다면 카페 인테리어의 반은 해결된 것이니 비용을 최소한으로 줄이는 또 하나의 방법이다.

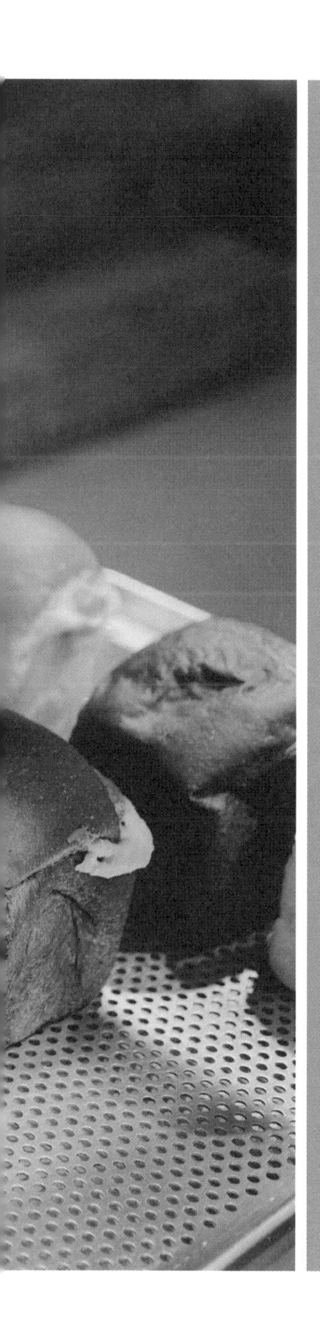

동네에 스며드는 마케팅 노하우

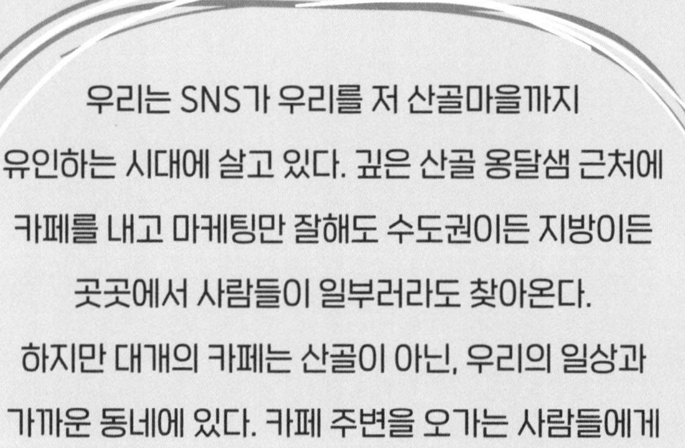

우리는 SNS가 우리를 저 산골마을까지
유인하는 시대에 살고 있다. 깊은 산골 옹달샘 근처에
카페를 내고 마케팅만 잘해도 수도권이든 지방이든
곳곳에서 사람들이 일부러라도 찾아온다.
하지만 대개의 카페는 산골이 아닌, 우리의 일상과
가까운 동네에 있다. 카페 주변을 오가는 사람들에게
먼저 내 카페를 알리는 것이 중요하다.
2장에서는 내가 성공적이라고 생각하는
근거리 마케팅 노하우를 나눠보고자 한다.

01

8개 지점,
연 매출 20억 원 운영전략

단골고객은 안정적인 매출 구조를 내주고, 특수고객은 매출 증대를 책임져준다. 카페 근처 특정 상권에 위치한 회사나 병원, 관공서, 교회와 같은 곳에서 매일매일은 아니더라도 간헐적, 주기적으로 와주는 고객들 덕분에 피크 매출이 나오고 카페 매출이 오르는 거라고 볼 수 있다.

여기서 중요한 건 단골마저 안 오면 카페가 망한다는 것이다. 그만큼 단골 확보가 중요하다. 그렇다고 단골에게만 집중하다가 어쩌다 방문한 사람들을 놓치거나 소외시킨다면 기존 단골이 안정적인 매출을 만들어주어도 새로 온 고객을 잘 흡수하지 못해 결과적으로 카페 운영이 어려워진다. 반대로 단골 확보를 못 한 채 특정 상권의 회사원들만 카페를 찾는다면, 안정적인 매출을 만들 수 없다. 단골고객이나 특수고객이나 응대의 질은 똑같아야 한다. 언제 어디서나 누구나 즐길 수 있는 커피를 위해 균형 있는 응대가 필요하다. 단골고객과 특수고객들이 적절히 방문해야 매출이 향상되니 이 밸런스가 가능한 상권에 입점하고, 이들을 만족시키기 위한 맛과 서비스가 중요하다.

배너와 포스터,
전단지의 중요성
/

우리는 SNS가 우리를 저 산골마을까지 유인하는 시대에 살고 있다. 깊은 산골 옹달샘 근처에 카페를 내고 마케팅만 잘해도 수도권이든 지방이든 곳곳에서 사람들이 일부러라도 찾아온다.

하지만 대개의 카페는 산골이 아닌, 우리의 일상과 가까운 동네에 있다. 카페 주변을 오가는 사람들에게 먼저 내 카페를 알리는 것이 중요하다. 2장에서는 내가 성공적이라고 생각하는 근거리 마케팅 노하우를 나눠보고자 한다.

단골손님은 어쩌다 우리 카페에 한 번 발걸음을 한 후 어떤 부분이 좋아서인지 몰라도 계속 방문하는 사람을 말한다. 신뢰가 있기 때문에 단골손님은 카페에 특별한 변화가 없더라도, 늘 마시던 커피 한 잔이 제대로 제공되기만 해도 카페에 방문하는 일을 멈추지 않는다. 그러나 회의나 진료 등의 일을 보기 위해 카페를 방문한 간헐적 손님은 가게 메뉴나 가격, 맛, 바리스타의 수준을 모르기 때문에 첫 걸음을 떼서 카페 안으로 들어오길 망설인다. 이들을 카페로 유인하는 좋은 방법은 기본적으로 배너나 포스터, 전단지이다.

커피류와 논커피류non-coffee를 구분하여 메뉴판을 만들어 외부에 보이게 세우고, 가격에 대해서도 공지하면 그냥 스쳐 지나가려던 고객의 발걸음을 멈춰 세우게 할 수 있다. 간헐적 손님을 위해 세트메뉴를 구성하거나, 포장시 할인을 해주거나, 먹음직스러운 사진과 함께 포스터를 걸어도 효과를 볼 수 있다. 배고프던 찰나에 큼지막하게 걸린 샌드위치 사진은 유혹이 될 것이다. 업무를 보러 낯선 동네에 와서 어느 곳에서 무엇을 먹어야 할지 잘 모르는 특수고객에게는 눈에 띄는 사진 한 장이면 충분하다. 나 역시 잘 모르는 음식점에 방문하면 긴 메뉴판을 읽기보다 벽에 걸린 먹음직스러운 사진 한 컷으로 뭘 먹을지를 결정한다. 이렇듯 홀 내외부에 걸린 메뉴 사진은 새로운 고객을 유입하는 데 효과가 있다.

단골을 위한 마케팅과 서비스, 특수고객을 위한 고민은 창업 시기에도 고민해야 하는 문제이지만 창업 후 2년, 5년이 지나도 끊임없이 변화를 주어야 하는 문제다. 새로운 고객들은 매일 생기며, 그들은 바뀐 포스터 한 장을 보고 첫 걸음을 떼어 문을 열고 들어오기 때문에 지속적으로 매장과 메뉴에 변화를 주어야 신규고객을 유입시킬 수 있을 것이다. 정체된 상태라면 고객은 더 이상 늘지 않는다.

단골고객을 늘리고, 특수고객을
카페로 유인하는 좋은 방법으로는
기본적으로 배너나 포스터, 전단지이다.
새로운 고객들은 매일 생기며, 그들은 바뀐 포스터
한 장을 보고 첫 걸음을 떼어 문을 열고 들어오기
때문에 지속적으로 매장과 메뉴에 변화를 주어야 한다.

SSOH
샌 드 위 치
하.루.종.일
4,500원
SSOH
ROASTERY CAFE
Specialty Coffee
대량 원두 납품

02

성공적인 단골 확보정책, 선결제쿠폰

본점과 공장점만 운영했던 초창기 SsoH의 진가는 단골손님들이 가장 먼저, 가장 잘 알아주었다. 단골손님들은 어디에 있는 SsoH든지 편하게 왕래하며 애정을 표현해주었다. 나는 거스름돈이 안 나오도록 딱 떨어지게 잔돈을 준비해와서 깔끔하게 주문하고 나가는 단골손님들에게 결제의 편리함을 제공하고 싶었다. 그래서 나온 아이디어가 '선불권'이라는 선결제 쿠폰이다.

미리 20잔을 결제하고 22잔을 먹는 출석쿠폰으로 본점과 공장점 두 곳에서 같이 쓸 수 있게 하니 마케팅적으로 좋은 효과를 거두었다. 단골손님들에게는 말할 것도 없고, 뜨내기손님들도 SsoH를 매일 찾도록 유도했다. 성공적인 단골확보 정책이었다. 내가 만든 거지만, 진짜 아이디어 쿠폰이었다. 주변의 다른 경쟁 매장에서도 이 출석쿠폰을 따라

할 정도였다.

하루 한잔씩 꼬박 커피를 마신다고 가정해보자. 1년 365일이면 한 장당 22번 마실 수 있는 선불권을 16장을 사게 만드는 효과를 가져온다. 이렇게 참새가 방앗간 들리듯 매일 SsoH에 방문하는 단골손님에게 감사함을 전하기 위해 매년 연말에는 선불권 구매자 목록을 엑셀로 정리한 후 최다 구매자를 추려내 통 큰 선물도 했다. 실제로 직장이 근처인 손님들은 한 달에 한 번 꼴로 선불권을 샀다. 평일 기준으로 한 달 근무 일수는 22일, 한 달에 22번 출근하는 것이라 하루 한잔씩 꾸준히 커피를 마시면 매달 선불권을 구매했고 1년에 12장 이상은 판매되었다.

선불권 없으면 안 돼!

/

몇 년 전 아메리카노 가격을 인상하면서 잠시 선불권 판매를 중단한 적이 있었다. 고객들에게 차액 발생으로 인한 혼동이나 불편을 드리고 싶지 않아 전 지점 판매를 중단했다. 선불권을 시작한 지 4년 만에 중단한 것이다. 중단을 알린 날부터 종료한 날까지 선불권 판매가 기하급수적으로 늘어 마지막 일주일동안은 선불권만으로 하루 100만 원 이상의 매출을 남겼는데 사재기 같은 웃픈 이야기다.

사재기한 선불권까지 고객들이 거의 다 사용했을 무렵인 3개월 후부터 다시 재개해달라는 요청을 상당히 많이 받았다. 늘 돈을 가지고 다

미리 20잔을 결제하고 22잔을 먹는 출석쿠폰을
본점과 공장점 두 곳에서 쓸 수 있게 하니
마케팅적으로 좋은 효과를 거두었다.
단골손님에게는 말할 것도 없고, 뜨내기손님들도
SsoH를 매일 찾도록 유도했다.
성공적인 단골확보 정책이었다.

니기 귀찮으니 일단 돈부터 받고 셈을 하라는 단골손님도 있었고, 다른 지점 안 갈 테니 이 지점에서만이라도 쓸 수 있는 쿠폰을 만들어달라는 분도 계셨다. 심지어 무료 음료는 안 줘도 되니 선결제 좀 받으라는 분도 계셨다. 하지만 그때만 하더라도 가격 인상에 대해 손님들의 불만이 많았던 터라 일부 고객들의 적극적인 구애에도 불구하고 선불권 판매를 재개하지 않았다.

그러던 중 현장에서 고객의 목소리를 가장 가까이에서 듣는 지점장들이 더는 안 되겠는지 지점별로 선결제 제도를 만들어 보겠다고 나섰다. 단골들의 요청을 더는 거절할 수 없어 지점 자체적으로 새로운 선결제 방식을 생각하고 도입했다. 기존 선불권과의 차이는 선불권은 메뉴 중 가장 저렴한 아메리카노 가격을 기준으로 20번이라는 방문 횟수에 중점을 둔 정책이라서, 음료를 변경할 때에 차액을 그때그때 지불해야 했지만, 선결제는 금액 차감식이어서 음료나 빵 구매 시 별도로 비용을 지불할 필요가 없었다. 또 선불권 쿠폰은 고객이 들고 다니며 보여주면 8개 지점 어디서나 동일한 혜택을 누렸지만, 선결제 방식은 고객 정보를 포스에 입력해 넣는 방식이어서 특정 지점에서만 사용이 가능했다. 아쉬운 대로 고객들은 선결제를 많이 이용했다. 1년이 지나, 어느 정도 가격에 대한 인지가 되었을 무렵 선불권 판매를 재개했다. 고객들은 이제 선택한다. SsoH의 여러 지점을 다니는 분들은 10퍼센트의 보너스를 더 넣어주는 선불권을 선호하고, 특정 지점만 이용하는 고객들은 추가적립 퍼센트가 다소 적어도 고정단골임을 알아주는 선결제를 선호한다.

▲ 선결제 응용쿠폰

단골손님들이 선불권을 많이 선호하던 때에 선불권 단골이 가장 많았던 지점 중 하나는 SsoH의 네 번째 지점인 물류점인데, 이곳에는 선불권과 관련된 재미있는 에피소드가 있다. 물류점에서 근무하며 당황한 적이 한두 번이 아니다. 물류점 단골손님들은 들어오셔서 말씀을 안 하신다. 나는 처음 본 손님인데 그 손님은 나를 보며 "늘 마시던 거요"라고만 말하는 것이다. 어떤 손님은 말없이 선불권과 500원을 같이 내밀기도 한다. 그러면 나도 고객 대신 옆 동료를 쳐다보는데, 물류점에 고정 근무하는 옆 동료는 그분이 매일 무엇을 드시는지 알고 이미 음료를 만들기 시작한다. 나에게 입모양으로 어떤 메뉴를 계산대에 찍으라고 말해주는데, 오랜만에 물류점 근무할 때마다 나는 진땀이 난다. 그분들은 아침시간에 오는 확실한 단골들이다. 선불권에 메뉴가 적혀있는 것도 아닌데, 선불권과 같이 내민 500원, 1,000원을 보고 물류점 근무자들은 고객이 출입문으로 들어서기 전부터 따뜻한 바닐라라떼인지, 아이스 아메리카노인지, 카페모카에 휘핑을 올릴지 말지를 미리 알고 제조를 시작하니 이 정도면 단골확보 정책으로 성공한 것 아닐까.

SsoH 공장점 ▶

SsoH 물류점 ▶

SsoH 교육점 ▶

한 명의 고정단골은 또 다른 고객을 끌어올 수 있는
원동력이 되고, 우리에게 큰 힘이 된다.

우리 동네에서 커피가 제일 맛있는 곳이야

/

2019년 5월, 처음 보는 음료쿠폰이 매장에 들어왔다. SsoH 로고와 컬러를 이용해서 만든 쿠폰이었는데, 알아보니 우리 단골고객이 직접 만든 것이었다. 스승의 날을 맞이하여 학원 선생님들께 음료를 대접한다고, 자신의 돈 5만 원을 특정지점에 미리 결제해두고, 선생님들께는 자신이 만든 쿠폰을 뿌린 것이었다.

제자에게 쿠폰을 받은 선생님들은 당연히 해당 매장에 와서 음료를 달라고 했는데, 매장 근무자는 처음 보는 쿠폰에다 어떤 영문인지도 몰라 즉시 처리가 안 되었다. 그날 하루 종일 이 사건이 쿠폰 도용이네 위조네 하면서 내부적으로 굉장한 논쟁이 되었는데, 결론은 SsoH를 애정하는 단골의 선한 의도였으므로 유쾌하게 받아들이기로 했다. 개성 넘치는 아이디어로 자신의 사비를 털어 쿠폰을 만든 단골고객의 열정이 수많은 카페 중 SsoH로 이어진다는 것이 사장으로서 나는 진심으로 기뻤다.

세상 어느 단골이 선금을 달아두고, 이런 열정으로 커피쿠폰을 만들어 뿌릴까. SsoH를 잘 아는 단골이기에 가능했다. 선결제와 선불권 판매 매출은 SsoH를 믿기 때문에 앞으로 여기서 먹겠다는 고객의 다짐을 보여준다. 그동안 맛과 정성을 다해온 우리의 노력을 인정받은 것 같았다. 그리고 우리를 인정해준 고객이 자신만의 다짐을 넘어서, 사적으로 SsoH 커피쿠폰을 뿌렸다는 것은 주변인에게 적극적으로 SsoH를 소개하고 전파하는 것 같아 더없이 좋게 여겨졌다. 이렇듯 한 명의 고정단골은 또 다른 고객을 끌어올 수 있는 원동력이 되고, 우리에게 큰 힘이 된다.

어느 가게나 이런 단골들이 있겠지만, 장담하건대 SsoH에는 이런 마니아층 단골들이 많다. 우리만의 마니아층은 적극적으로 SsoH를 탐색하고, 자신이 경험한 신메뉴도 대신 소개해준다.

"여기 달고나라떼 맛있더라. 내가 얼마 전에 여기서 맛보고, TV보고 그대로 만들어 먹어봤는데, 내가 만든 것보다 여기가 더 맛있어. 너도 이거 마셔봐 "

"야, 너한테 매일 얻어먹기 미안해서 선불권 샀어. 오늘은 내가 사줄게. 너 뭐 마실래?"

"이따 6시에 애들이 운동 마치고 음료수 마실 수 있게 돈 먼저 드릴게요."

"우리 동네에서 커피가 제일 맛있는 곳이야. 뭐 먹을래? 아아? 아라?"

아무리 좋은 위치에 자리 잡고 많은 사람들이 오가더라도 사람들을 지속적으로 붙잡지 않으면 안정적인 매출을 내기 힘들다. 우리는 그 역할을 마니아층 단골들이 해주고 있다. 이렇듯 단골의 확보는 카페의 생존을 위해서도 매우 중요하다.

03

바리스타의 감각을 키우는 법

같은 원두를 쓰면 커피 맛도 다 같을까? 여러 가지 변화의 요소가 있긴 하지만, 그래도 같은 환경이라면 '아메리카노' 맛은 어느 정도 비슷하다. 그러나 '따뜻한 카페라떼'는 바리스타의 고급기술이 들어가야 품질이 좋은 커피가 나오기에 누가 만드느냐에 따라 완전히 다른 커피가 된다. 그런데 만약 아메리카노 맛도 서로 다르다면 바리스타의 기술 문제라기보다, 바리스타의 감각 문제 때문일 수도 있다.

본점과 공장점은 서로 걸어서 20분 정도의 비교적 짧은 거리에 위치해 있다. 본점과 공장점의 단골손님들은 이 두 곳의 커피를 오가며 모두 맛보기도 했는데, 놀라운 것은 우리 직원들 못지않은 기가 막힌 미각으로 커피 맛을 구별한다는 것이었다. 매일 같은 커피를 마시니 맛이 조금만 틀려도 알아차렸다. 감별사가 따로 없었다. 커피 맛뿐만 아니라 서비스에 대한 불만의 목소리도 있었다.

"아침에 카페라떼가 너무 뜨거워서 입 데일 뻔했어요"

"어제보다 오늘은 좀 더 연한 것 같은데요?"

"혹시 본점이랑 사용하는 원두가 달라요? 저는 본점보다 공장점 커피가 더 맛있더라고요."

"공장점 오후에 일하는 알바 분은 좀 불친절할 때가 많은 것 같아요."

"나 아까 한잔 마셨는데, 지나가다가 언니가 있어서 또 왔어요. 맛있게 만들어 주세요."

지나가다가 내가 보여서 들어왔다는 말은 당사자인 내게는 기분 좋은 표현인지 몰라도, SsoH 운영책임자인 나에게 굉장히 심각한 문제로 받아들여졌다.

다시 말하지만 같은 원두를 쓰는 카페인데 누가 만드는지에 따라 맛이 달라지는 것은 그 사람의 기술의 부족 때문일 수도 있지만 감각이 부족한 이유가 더 크다. 더우면 빨리 숙성되고, 영하로 내려가는 추위에는 콩이 얼었다 녹아 응결이 생길 수 있다. 또 장마철 습도에 따라 콩 상태가 달라지기에 때마다 분쇄상태나 추출양 등 기계적인 조건을 바꿔서 조정해야 한다. 그 모든 것이 바리스타의 감각이 요구되는 문제였다. 담는 원두 양의 차이 때문에 뒷맛이 약간 텁텁한 탄맛이 날 수도 있고, 그룹헤드의 청소가 미흡하기만 해도 미세한 맛의 차이가 날 수도 있다. 기존에 내린 커피 찌꺼기가 헤드에 남아 있는 경우가 종종 있는데 깨끗이 닦아내거나 세척해내지 않고 다음 원두를 장착해 추출해버리면 기존 것과 다음 것이 같이 추출되어 텁텁한 맛이 날 수 있다. 만약 어떤 카페에 갔는데 사장이 만들어주는 맛과 알바생이 만들어주는 맛이 다르다거나, 사장이 만들어주는 맛도 그때그때 다르다거나 하면 위에 나열한 미세한 차이를 모르고 만들었기 때문이다.

커피 맛의 차이는 손님의 신뢰를 깨뜨리는 문제

/

SsoH의 세 번째 지점인 '교육점'이 만들어진 계기도 이러한 바리스타의 감각 문제 때문이다.

같은 카페인데 사장이 만들었느냐, 직원이 만들었느냐에 따라 커피 맛이 달라진다면 같은 맛을 기대하고 찾는 손님의 신뢰를 깨뜨리는 문제와 직결된다. 바리스타 손맛을 같게 만들 필요가 있었다. 손맛은 '수제'의 좋은 이미지를 가지고 있지만, 그대로 인정해버리면 절대 안 된다. 항상 동일한 맛을 위해 계량하고, 감각이 생기더라도 정확한 음료 제조를 위해 컨디션을 확인하는 습관을 가져야 한다.

동일한 음료품질과 서비스 개선을 요구하는 고객들의 목소리가 점점 커지면서 나는 두 가지를 결단했다. 첫 번째로 아르바이트생을 줄이고 정규직 위주로 직원을 늘리기로 했고 두 번째로 직원교육을 일원화시키기로 했다. 주간 근무시간이 짧고 본업이 따로 있는 아르바이트생에게 커피의 품질을 높이는 데 힘써달라고 요구하기에는 현실적인 한계가 있었다. 아르바이트생들은 그동안 여러 카페에서 일한 경험으로 기본적인 커피 추출 실력을 갖췄는지는 몰라도 SsoH에 소속되어 우리의 철학을 공유하고 감각을 키우기에는 시간과 열정이 모자랐다. 커피 기술 실력을 높여 주기 위해 커피교육을 해주며 무척이나 공들였는데 몇 개월 후 졸업하게 되어서 혹은 공무원 시험에 붙어서 이제는 아르바이트를 그만두겠다는 소리를 듣는 것만큼 허탈한 일도 없었다. 긴 호흡으로 SsoH와 함께할 직원이 필요했다.

수준 높은 커피의 질을 위해 정직원 채용을 늘리고 '교육점'을 열다

/

당시 SsoH의 커피 값은 1,500원이었다. 저가커피일지라도 SsoH의 커피기술만큼은 고품격이라는 것을 더 많은 이들에게 알리고 싶었다. '전문 바리스타'라는 이름에 걸맞은 실력과 책임을 가진 정직원들이 이끌어가는 회사를 만들어야 했다.

그러기 위해서는 모든 직원에게 일관성 있는 교육을 할 필요가 있었다. 하지만 본점과 공장점은 매장 운영 업무만으로도 바빴기에 신입직원이 들어와도 하나씩 천천히 가르치는 일은 현실적으로 불가능했다. 익숙하지 않은 신입 근무자가 끼어드는 것은 매장 업무에 득이 되지 않았다. 비용이 들어도 직원교육을 위한 공간이 필요했다. 그래서 나온

두 번째 결단이 '교육점'을 새롭게 여는 것이었다. 내부직원들을 교육하기 위한 목적이 첫 번째였고, 여유가 된다면 커피에 관심 있는 일반인들도 교육할 수 있는 공간으로 만들고자 했다.

바로 실행에 옮겼다. SsoH의 이전 지점들과 마찬가지로 교육점도 월세를 충당할 수 있으며 교육이라는 기능도 살리도록 조금의 유동인구가 있는 곳을 찾았다. 그곳에서 내부 직원교육과 동시에 외부인 교육도 할 생각이었다. 조금 외져도 SsoH 두 지점과 거리가 멀지만 않다면 상관없었다. 한두 달 정도 시간이 날 때마다 알아보러 다니다가 최종적으로 교육점 자리를 결정한 것은 남편이었다. 지하철역으로부터 한 블록 뒤에 자리했음에도 임대료가 너무 비싸서 사실 나는 망설였지만, 남편은 하루에 매출이 얼마 이상만 나오면 된다며 설득했다. 앞으로 어떻게 전개될지 전혀 감을 잡을 수 없는 그 자리를 바로 계약했다.

몇몇 이들은 근거리에 똑같은 SsoH 카페가 또 생기는 것을 의아하게 생각했지만, 매출보다 매장의 기능이 우선적으로 필요했던 것이라 인접 거리는 문제가 되지 않았다. 오히려 각각 하나의 점이었던 매장이 근거리에 위치하며 선을 이어가는 게 SsoH를 더 잘 알리는 계기가 되어줄 것이라고 믿었다.

줄 서서 먹는 동네카페

/

우여곡절 끝에 가장 뜨거웠던 8월의 어느 날, 교육점 가오픈을 했다. 손님이 많을 거라는 예상은 전혀 하지 못했다. 차분하게 입고된 물건을 정리하면서 드문드문 오는 손님만 받고 교육점 기능에 맞춘 일들을 해나갈 계획이었다. 하지만 곧 놀라운 풍경이 벌어졌다. 오전 8시부터 저녁 8시까지 손님들이 줄지어 서있기 시작한 것이다. 본격적인 영업을 위해 펼치고, 개고, 배치해야 할 물건들을 하나도 세팅하지 못한 채 퇴근했다. 그날의 퇴근길이 아직도 생생하다. 교육점에서 우리 집까지는 15분이면 도착하고도 남을 거리였는데 퉁퉁 부은 다리가 너무 아파서 중간에 몇 번이나 멈췄는지 모른다. 그날 밤 씻지도 못하고 그대로 쓰러지듯 누워서 생각했다. '오늘만 이상한 걸 거야. 이 작은 동네에서 그렇게 많은 손님이 줄서다니…. 내일은 안 그럴 거야.'

하지만 이튿날에도 예상치 못한 많은 손님들을 받느라 정상영업이 불가능했다. 아군이어야 할 손님들은 빨리 쳐내야 할 적군이 되었다. 놀랍게도 이런 상황은 그 후 몇 년 동안이나 이어졌다. 지금에야 직원들도 늘었고 충분히 감당할 수 있는 상황이 되었지만 당시 나는 이런 상황을 예상하지 못하고, 인력도 실력도 준비되지 않은 채 교육점을 열려고 했던 것이 성급한 판단이었나 생각할 정도로 괴로웠다.

말이 교육점이지, 직원교육은 도저히 이뤄질 수 있는 분위기가 아니었다. 오픈 첫 날부터 일반인들에게 교육문의도 많이 들어왔다. 정말 많은 사람들이 물어왔다. 장사는 예상치 못하게 너무 잘되어 다른 지점의 직원들까지 투입되어야 하는 상황에, 일반인들의 교육까지 실행하기에는 현실적으로 어려움이 많았지만 많은 음료를 팔아 돈을 벌려고 문을 연 것이 아니고, 많은 사람에게 커피교육을 하고, 제대로 된 커피

결과적으로 '커피교육'은 커피는 수많은 농부들의
수고와 땀을 기억하는 것에서 시작한다는
SsoH의 모토를 알릴 수 있도록 해주었다.

를 알리고자 '교육점'을 오픈한 첫 마음을 되새기며 전화문의에 성의껏 응대했다. 그리고 10월부터 일반인들을 위한 커피교육을 강행했다.

내 생애 첫 커피수업

/

일반인을 대상으로 한 첫 수업의 인원은 아직도 잊히지 않는다. 6명. 내 인생 첫 수업이었다. 교육점은 언제나 손님들로 꽉꽉 찼지만, 처음 계획했던 대로 교육생들을 위한 교육공간에는 일반손님들을 절대 받지 않았다. 교육이 진행되는 시간에는 자리가 없어 발길을 돌린 손님들이 많았다. 비용 대비 비효율적이었으나 교육점이라는 이름에 걸맞게 교육을 해나갔다. 당시 교육비도 상당히 저렴했다. 그저 커피에 대해 관심을 갖는 사람들이 많아졌으면 좋겠다는 순수한 마음으로 내 힘이 닿는 만큼 커피를 알리고자 했다.

교육점은 그 후 무역점의 '3층'이 그 기능을 이어받아 '관인 팩토리 쏘 커피학원'으로 현재까지도 운영 중이다.(챕터 3에 커피학원 이야기 참고) 처음 SsoH를 만들었을 때부터 교육점을 세울 생각까지 했던 것은 아니었다. 가장 급하게 직원들을 교육해야겠다는 필요성을 느껴 SsoH의 세 번째 지점인 교육점을 만들었던 것이고, 일반인들을 대상으로 한 커피교육으로까지 영역을 넓히게 된 것이지만 결과적으로 '커피교육'은 SsoH의 철학을 알리는 데 아주 중요한 역할을 했다.

교육점은 커피에 막 입문한 학원생들과 신입직원들에게 커피는 수

많은 농부들의 수고와 땀을 기억하는 것에서 시작한다는 SsoH의 모토를 알릴 수 있도록 해주었다. 또 교육점을 운영하며 아프리카를 향한 개인적인 꿈도 더 구체적이고 분명하게 설정할 수 있었다. 4장에서 더 자세히 말하겠지만, 내 꿈은 아프리카 청년들이 한국의 SsoH를 오가며 고급 커피기술을 배워 아프리카에 좋은 일꾼이 될 수 있도록 돕는 것이다. 그 일을 실현할 수 있는 현실적인 방법을 찾도록 도와주었다.

04

'정확성'과 '속도'를 높여라

카페에 알바생이나 직원을 두기로 했다면, 가장 중요하게 훈련시켜야 하는 것이 무엇이라 생각하는가? '정확성'과 '속도'다. SsoH에는 SsoH만의 수습직원 평가항목이 있는데, 가장 중요하게 여기는 항목이 바로 이 '정확성'과 '속도'다.

교육점에서는 일반인뿐 아니라, SsoH에서 일하기를 원하는 직원들에게 '정확성'과 '속도'를 가르치기 위한 훈련도 함께했다.

교육점을 만든 취지대로 모든 신입직원들이 교육점으로 첫 출근을 해서 업무를 배웠다. 하지만 신입마다 너무 힘들다며 첫날부터 나가떨어지기 일쑤였다. 또 교육점 직원도 매장 근무만으로도 벅찬데, 온종일 자신을 따라다니는 신입직원 교육까지 도맡아야 하니 많은 스트레스를 받았다. 질적으로 수준 높은 교육이 이뤄지려면 시간과 사람이 있어야 했어야 했는데, 교육점은 바빠도 너무 바빴던 것이다.

고민 끝에 교육점에서 신입교육은 하지 않기로 했다. 그리고 바쁜 지점인 만큼 더 능숙한 직원들을 배치했다. 그리고 교육점은 다른 지점에서 어느 정도 기본교육을 받은 신입직원이 와서 매우 바쁜 업무 환경에 적응하며 빠르게 일을 처리해내는 능력을 길러내는 역할을 하는 지점으로 바뀌었다. 즉, 다른 지점에서 음료 레시피의 '정확성'을 익히고 온 신입직원이 교육점에서는 정확하고 빠르게 음료를 제조하는 '속도'를 배우도록 한 것이다. 수습직원 평가에 숙련도 파트가 있었는데 교육점은 그걸 배우고 익히고 확인하기 좋은 환경이었다.

SsoH만의 수습직원 평가항목

/

수습직원 평가항목은 다음과 같다.

- 영수증을 보지 않고, 주문받은 5~6잔의 음료를 정확히 기억하고 만들어낼 수 있는가?
- 단체 vs 개인 고객 사이에서 균형 있게 음료를 만들면서 단품 음료를 먼저 낼 수 있는 처리 능력이 있는가?
- 여러 잔 주문이 들어오면 필요한 샷 개수와 스팀우유양, 얼음컵 개수를 파악할 수 있는가?
- 단체주문 시, 계산대 앞에 서있는 근무자가 자신의 포지션에서 할 일을 척척

해내는가?(캐리어, 준비, 음료표시 등)

- 혼자일 때와 둘이 근무할 때의 포지션을 잘 파악하고 자리를 지키며 분업해서 일할 줄 아는가?(도와야 할 때와 정리해야 할 때를 아는가?)
- 줄서서 기다리다 지쳐 그냥 가는 손님을 볼 줄 아는가?

혼자서 일할 때는 1의 속도로 일하지만, 옆 동료와 함께 일할 때는 2배가 아닌 2.5배로 속도와 효율 모두 높아진다는 이야기가 있다. 혼자서 주문받고, 커피를 추출하고, 얼음을 컵을 담고, 빠진 물품을 보충하는 것보다 둘이서 각자의 포지션에 따라 일하면 혼자서는 10분 걸릴 일을 둘이서 4분이면 할 수 있다. 이 전제는 사고가 없을 경우다.

근무현장은 지점마다 상황이 달라 혼자 근무할 때도 있고, 둘이 할 때도 있다. 둘이서 근무할 때는 무대가 되는 바 안에서 지켜야 할 포지션이 있고, 포지션마다 주어진 업무가 있다. 혼자 일할 때 사고 나는 경우는 별로 없다. 사고는 사실 둘이 일하면서 부딪혀서 나는 경우가 많다. 팔과 팔이 부딪히고, 손과 손이 꼬이고, 뒤돌다가 뒷사람을 치고, 다 만든 음료를 손으로 건네다가 상대방이 못 잡아 뜨거운 음료를 그대로 쏟아 화상을 입는 일까지 빈번하다. 어쩌다 부딪혀서 바닥에 시럽이 담긴 음료를 떨어뜨렸을 땐 일이 더 커진다. 대걸레질만 10번은 해야 한다. 바닥을 대충 닦았다가는 끈적함 때문에 밤 사이 바닥에 벌레나 개미가 꼬일 수 있기 때문에 더욱 신경 써서 닦아야 한다. 그 와중에 누군가 밟아 신발에 끈끈함이 묻고 그 발로 홀을 돌아다니면 일은 더 커진다. 그 경우라면 어쩌면 음료제공보다 바닥에 쏟은 음료를 먼저 처리하는 게 우선이 되어야 할지도 모른다. 따라서 모든 음료는 '정확하게, 제때에' 제공해야 하므로 애초에 사건이 발생하지 않도록 주의해야 한다.

SsoH 브랜드가 남아 있는 한 바리스타 교육은 멈추지 않는다

/

나는 정확하게 음료를 만드는 건 10살 어린이, 70세 노인 누구나 할 수 있다고 생각한다. 재료와 양만 제대로 알려주면 그대로 따라하면 되니까 말이다. 암기해서 정확히 하는 건 참 쉽다.

하지만 문제는 제조하는 데 걸리는 시간이다. 자기 성격이 원래 느리다고 그 속도대로 천천히 음료를 만들다 어느 순간 창밖을 보면, 줄서 있던 고객은 벌써 옆집 음료를 받아 들고 지나가고 있을지도 모른다. 어떤 경우라도 빠르게 음료를 고객에게 제공하지 못하면 소용이 없다. 정확하고 빠른 음료제공을 위해서 현장에서 배워야 하고 지켜야 하는 일이 있음을 기억해야 한다. 그리고 현장에서 아무리 숙련도가 높은 선임 바리스타가 교육한다고 해도 후임 바리스타 스스로 속도를 높이기 위해 노력하지 않으면 효과가 없다.

채워진 콩을 바쁘다고 쓰기만 하면, 어느 순간 요란한 빈 그라인더 소리만 듣게 될 것이다. 이에 놀라 눈을 들어보면 호퍼가 비었음을 알게 되고, 그제야 콩을 뜯어 넣으려고 가위를 찾고, 붓고 도징을 하면 한

템포 놓친 것이다. 급하다며 그라인더 도징을 아무리 빨리 담는 들, 콩이 갈려서 나오는 그라인딩 속도는 정해져 있다. 그저 바리스타의 현란한 도징으로 인한 소음만 클 뿐, 음료제조에 걸리는 시간은 오버된 것이다. 호퍼가 바닥을 드러내지 않도록, 바리스타는 바쁜 중에도 틈틈이 콩을 보충해놓을 줄도 알아야 하고, 물통을 채워둘 줄도 알아야 하고, 컵 홀더를 끼워둘 줄도, 설거지를 해둘 줄도 알아야 한다. 바쁘다고 보충없이 쓰기만 급급하면 어느 순간 손님들은 서 있는데 아무것도 진행할 수 없는 '정지상태'가 될 것이다.

선임에게는 가르치는 열정이, 후임에게는 배우는 열정이 있으면 된다. 열정 가득한 후임이 어느 날 커피의 향미에 대해서 술술 고객들과 대화하고, 거침없이 빠른 속도로 제조해 음료가 식지 않게 제공할 수 있게 될 것이다. 병아리 같던 후임은 열정을 가지고 잘 따르고 배운 덕에 어느 순간 실력을 겸비한 수준 높은 바리스타가 되어 있을 것이다.

회사는 직원이 해보고자 하는 열정까지 심어줄 수는 없다. 노력은 바리스타 각자의 몫이다. 그저 다람쥐 쳇바퀴 돌 듯 사는 건 어느 현장이나 마찬가지다. 세상에 빛과 소금이 되는 일이 하고 싶어 사회적 기업이나 봉사단체, 구호단체에 들어가도 매일 하는 일은 후원자들에게 전화해서 후원금을 요청하거나 후원자들이 쓴 편지봉투에 우표를 붙이는 일을 하는 단순업무다. 가슴 뛰는 현장 일을 기대했지만 후원자나 상부에 올릴 보고서 작성으로 온 시간을 쓸 수도 있다.

단순업무를 반복적으로 하는 일은 어느 현장에나 있다. 그런 시기에도 우리는 배운다. 자라난다. 우리 열정만이 긴 호흡으로 이 길을 걸어

갈 수 있게 해줄 것이다.

우리 SsoH 현장도 긴 호흡으로 자신의 자리를 지키며 실력을 다해 노력할 열정만 있다면 이를 키워주는 일에 얼마든지 공들일 준비가 되어 있다. 단언하건대, 이런 바리스타를 양성해가는 노력을 SsoH 브랜드가 남아 있는 한 계속할 것이다.

05

가격 인상에는 책임이 따른다

당시 교육점에서 근무했던 직원들은 이렇게 말했다.

"교육점은 지나치게 바빠요."

"교육점의 가장 큰 문제는 고객 얼굴을 보기 힘들 정도로 바쁘다는 거예요."

"로스팅 하는 곳인데 1,500원 커피는 너무 싼 거 아닐까요?"

"아메리카노만 싼 게 아니라 라떼도 너무 싸요. 우유 스티밍 기술이 쉬운 건 아니잖아요."

"아르바이트생이 대충 만드는 커피도 아니고, 바리스타 자격증을 가진 직원이 전문적으로 내려주는 커피인데, 1,500원은 그 가치를 너무 떨어뜨리는 가격 같아요."

당시에는 본점과 공장점, 교육점 아메리카노 가격이 모두 1,500원으로 같았다. 우리 커피의 기술과 품질은 5,000원을 받아도 적다고 생각한다. 하지만 1,500원으로 시작한 본점과 공장점 때문에 교육점 오픈 때도 가격을 높이는 일이 쉽지 않았다. 아니, 지금 생각하면 쉽지 않을 거라고 지레 짐작하고 겁을 냈던 것 같다. 직접 로스팅하는 공까지 생각하면 1,500원 커피는 정말이지 너무 쌌다. 점점 1,500원 커피에 한계를 느꼈다. 적군을 물리치듯이 손님에게 빨리 커피를 제공해야 한다는 생각에 기계처럼 주문받아 커피를 만들어 손님과 단 한 번 눈 마주칠 틈 없이 재빠르게 냈다.

직원들의 숨통을 조금이라도 트이게 하고 싶었다. 이처럼 바쁜 매장에서 2구짜리 머신으로 장사하는 현실에 한계를 느꼈다.

버티는 건 직원과 손님뿐 아니라, 기계에도 좋지 않았다. 사람만큼이나 기계에도 투자가 들어가야 했다. 쉼 없이 뽑아내는 커피 샷, 쉼 없이 움직이는 바리스타. 쾌적함이라고는 찾을 수 없는 도떼기시장 같은 매장 분위기를 위해서도 가격을 높여야 했다.

2015년, 나는 결국 정말 많은 고민 끝에 당시 테이크아웃 아메리카노를 2,000원, 홀 아메리카노 가격은 2,500원으로 올렸다.

고작 500원 올렸는데 결과적으로 우린 욕만 아니었을 뿐인 험한 말들을 무지하게 들었다. 현금 사이즈업과 선불권은 계속 같은 가격으로 받고 있었으니 고객의 입장에서 기존 가격대로 먹을 수 있는 선택권은 여러 가지가 있었는데도 가격 인상에 대한 불만의 소리가 높아졌다. 3만 원, 22잔의 선불권은 SsoH의 모든 지점에서 개인이나 법인고객이

나 학생이나 주부나 할머니나 그 누구나 누릴 수 있는 혜택이었다.

그런데 어떤 옵션도 고려의 대상이 아닌 고객들이 많았다. 500원 올린 걸로 "배가 불렀다"느니 "동네장사 이렇게 하는 거 아니다"라느니 하는 분들이 많았다. 급기야 불친절하다는 소문도 났다. 이 소문은 당시 용산에서 근무하던 남편의 귀에까지 들어갔다. 동료 한 명이 남편에게 이렇게 말했다고 한다.

"우리 집 앞에 예쁜 카페가 하나 생겼는데, 카페가 잘되니까 얼마 지나지 않아 가격을 올리더라고? 무조건 1인1잔 해야 한다며 서비스도 더 안 좋아졌고. 우리 어머니 매일 커피 마시러 가시다가 이제 다른 카페 가셔."

그 동료가 용산과 멀지 않은 대방역 근처 아파트에 산다는 걸 알던 남편은 혹시나 싶어 카페에 대해 묻다가 마침내 그곳이 아내가 운영하는 'SsoH 교육점'인 걸 알게 되었다. 물론 남편은 자신의 아내가 운영하는 카페라며 불편한 마음을 티내거나, 그럴 만한 이유가 있었을 거라는 변명은 하지 않았다.

남편의 이야기를 듣고 생각했다. 정말 우리가 자만해진 걸까? 불친절해진 걸까? 아니면 고객이 SsoH의 가격 변화에 서운함을 느낀 걸까? 아니면 그때 같이 행했던 1인1잔 정책이 이런 불만을 드높이는 데 한 몫 한 것일까.

1인1잔 정책은 부당한 걸까?

/

SsoH는 저렴한 가격을 고려해 매장 내에서는 1인1잔 주문정책을 그때부터 지금까지 고수하고 있다. 그런데 당시에 한 고객이 이런 우리 정책을 기어코 거부하며 주문 없이 앉아 있었고, 우리 직원이 1인1잔 주문을 제안했다는 이유로 불친절하다는 소문이 동네방네 퍼졌다. 그 소문은 내 귀로 간접적으로 들어오기도 했고, 페이스북이나 네이버스토어팜 메시지, 홈페이지로 항의하는 고객들도 많았다. 직원이나 알바생에게 내 개인 휴대전화 번호를 물어 직접 불만을 토로하는 고객들도 있었다.

"여보세요."

"당신이 SsoH 사장이에요? 아니, 내가 어제 저녁을 먹고 카페에 어머니랑 같이 갔는데, 어머니가 커피를 못 드셔서 한잔만 시키겠다고 하니 안 된다고 나가라고 하던데 동네장사 이렇게 해도 되는 겁니까?"

"아, 고객님! 커피가 아닌 음료들도 많았는데 저희 직원한테 그렇게 안내받지 못하셨나요?"

"… . 아니 얼마 전에 가격도 인상하던데! 장사 잘된다고 동네장사 너무 빡빡하게 하는 거 아닙니까? 못 먹는 사람이 있으면 안 시킬 수도 있는 거잖아요?"

"1인1잔은 SsoH 모든 지점 정책입니다. 여러 상황을 고려해서 오랜 회의를 통해 결정한 매장 정책입니다. 지금 근무하는 친구는 회사에서 교육받은 대로 설명 드렸을 뿐입니다. 만약 설명 드리는 과정에 불쾌감을 느끼셨다면 죄송합

▲ SsoH 전 지점에 걸린 카페 사훈

니다. 좀 더 친절하게 안내하도록 잘 교육하겠습니다."

"직원교육 똑바로 하세요!"

"네, 고객님. 죄송합니다. 기분 좋은 저녁이 되었으면 좋았을 텐데 불쾌감 드려 죄송합니다. 매장의 정책을 이해해주시고, 그걸 따라야 했던 직원도 너그럽게 이해해주세요."

매장 해당직원에게 확인해본 결과, 커피를 못 마시는 손님에게 유자차(2,500원)나 허브티, 과일주스를 안내했지만, 끝까지 안 드시겠다고 해서 직원은 꼭 주문해야 한다고 말했을 뿐이지 나가라는 말을 하지는 않았단다. 그러자 손님은 더 주문하지 않고 사장을 부르라며 호통을 친 것이다. 직원이 사장님은 지금 여기 안 계신다고 했더니, 그럼 사장 휴대폰 번호를 달래서 어쩔 수 없이 내 번호를 적어드렸다고 했다. 직원은 많이 억울해했다.

내용을 들어보니 우리 직원의 응대 내용이 틀리지 않았으나, 혹시나 그 과정에서 직원의 표정과 태도가 고객에게 불쾌감을 주었던 건 아닐까 싶어, 1인1잔 안내와 같은 응대설명은 상냥하게 해야 한다고 교육했다.

오너의 철학과 책임

/

고객에게 1인1잔을 요청하는 일이 이렇게 어려운 일인가 싶었다. 2,500원이었던 아메리카노를 놓고 이렇게 지리한 다툼을 해왔다는 것은 다시 생각해도 억울한 일이다. 가끔 융통성이 필요한 상황은 물론 있다. 치과 다녀와서 아무것도 먹을 수 없는 손님, 장염에 걸려서 조심해야 하는 손님 등등, 음료를 주문할 수 없는 상황만 잘 설명해주면 SsoH는 충분히 받아들일 준비가 되어 있다. 하지만 막무가내로 "그냥 얼음물 한 잔 주세요", "저는 안 마셔요", "잠깐만 있다 갈 거예요"라고 말한다면, 우리의 서비스가 가치 없다고 보는 것이나 마찬가지다.

지금도 여전히 의도치 않게 날 선 고객을 마주할 때도 있지만 그런 과정을 거치며 나 스스로 좀 더 단단하게 단련된 듯하다. 서비스와 품질의 문제라면 적극적으로 듣고 반응하지만, 매장 가격이나 정책으로 쓴소리를 하는 손님들의 말은 한 귀로 듣고 한 귀로 흘려보낸다. 말 그 커피도 사람도 진심으로 대해주세요. 존중해주세요.

저희는 밖에서 누군가의 친구이고, 자녀이고, 가족입니다.

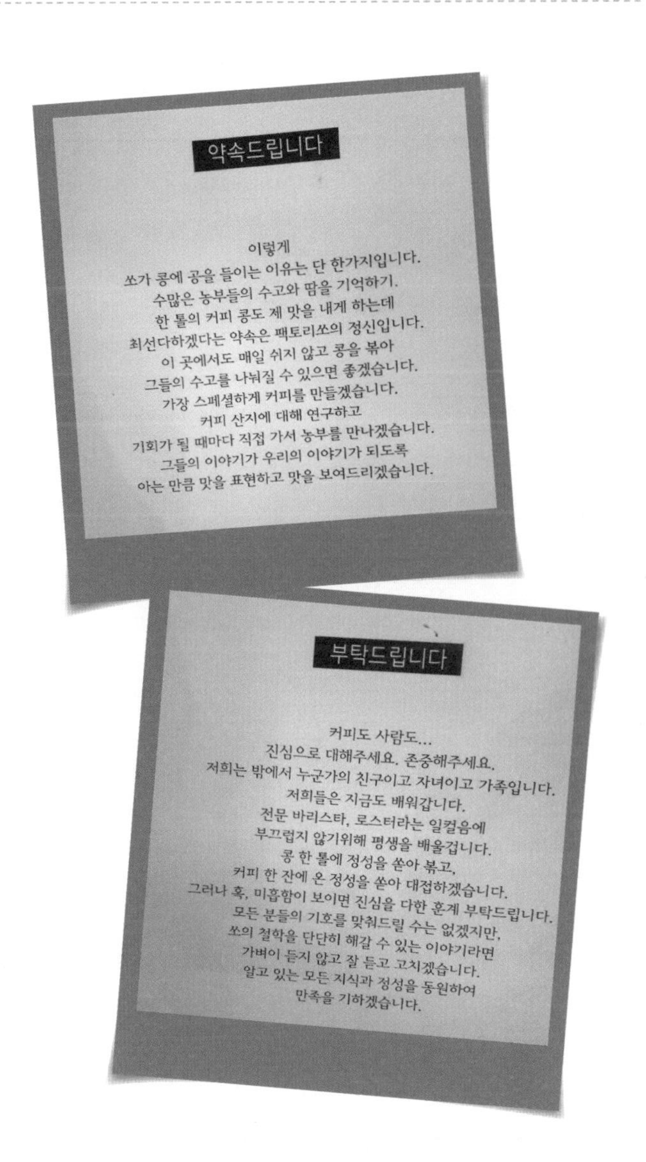

대로 가격과 정책은 '오너의 마음'이 아닌가? 고객에게 더 좋은 서비스와 커피 맛을 제공하기 위해 여러 상황을 고려해 어렵게 결정한 오너의 철학이 반영된 것이므로 고객이 왈가왈부한다고 흔들릴 필요는 없다. 하지만 책임은 잊지 않겠다고 다짐했다.

가격을 인상한 만큼, 아니 그보다 더 높은 수준의 음료와 서비스를 고객에게 제공하는 게 마땅하기 때문이다. 내게 직원교육은 점점 중요해졌다. 수준 있고 품격 있는 바리스타를 양성하기 위해 노력해야 한다고 나 스스로에게 다짐했다.

06

리필제도는 착한 서비스

리필제도는 SsoH의 자랑이다. 아메리카노 리필 가격은 1,500원이다. 홀을 이용하는 고객들이 직원들 눈치 안 보고 좀 더 편안하게 공간을 누렸음 하는 마음에 리필제도를 만들었다. 저렴해서 많은 고객들이 이용한다.

사실 리필제도는 책정 가격에 따라 손해일 수도, 서비스일 수도, 이익일 수도 있다. 예를 들어 기본음료 가격을 높게 잡은 곳에서는 무료 리필제도가 있다. 모든 사람들이 리필을 하는 것은 아니므로 그 정도 서비스를 감수하는 것이다. 그런데 아이러니하게도 기본음료 가격이 높게 책정된, 예를 들어 아메리카노가 7,000원이나 하는 그런 곳은 집 앞 카페에 위치해 있다기보다, 전망 좋은 변두리 카페에 있는 경우가 많다. 그런 곳은 대게 근처에서 분위기 좋게 식사하고 후식으로 다과를 즐기려고 나온 사람들이어서 카페에 머무는 시간은 길어봐야 두 시간 미만이다. 그 사이 리필을 하면 몇 잔이나 하겠는가. 기본적으로 그곳까지 방문한 사람들은 동네카페처럼 오래 앉아 공부를 하거나 업무를 보려는 사람들이 아니기 때문에 사장 입장에서도 리필제도가 손해는 아닐 것이다.

반대로 커피 값이 너무 저렴해서 사람이 바글바글한 카페는 테이크아웃 전문 매장이라서 규모가 작을 가능성이 크다. 손님 입장에서는 오래 머물러 있기가 눈치 보일 것이다. 굳이 그곳에서 뜨개질을 하거나, 책을 펴고 앉아 오래 머물고 싶은 고객은 없을 것이다. 하지만 그런 고객도 붙잡고 싶다면 눈치 보지 않고 매장을 이용할 수 있도록 배려한 제도적 장치가 마련되어야 할 것이다. 서로가 편하도록 말이다. 예를 들어 최대 홀 이용시간이 두 시간이라든지, 가장 바쁜 피크시간은 스터디 금지라든지, 4인석에 혼자 앉는 걸 금지한다든지 하는 전략을 취하는 것이 좋다.

SsoH 또한 손님을 절대 불편하게 하려는 게 아니라, 손님이 머무는 시간은 최대한 편하게 있기를 위해서 리필제도를 만들었다. 어느 날, 오래 앉아 있는 손님 중 "음료는 만들지 마세요"라며 마시지도 않는 음료 가격을 한 번 더 계산하는 손님을 자주 마주하기 시작했고, 그런 분들에게는 좀 더 합리적인 리필 가격으로 공간을 쓸 수 있게 해드리고 싶다는 생각에 처음엔 1,000원, 지금은 1,500원 리필제도를 유지하고 있다. 리필제도는 손님들에게 긴 시간을 편하게 이용하도록 배려한 SsoH의 자랑스러운 서비스다.

기본음료가 싼 곳이라 오래 있을 거라면 또 주문하는 것이 당연하다고 받아들이는 고객들 때문에 이런 서비스를 만들 수 있었다. 작년에 1,500원으로 리필 가격을 조정했는데 이 가격 역시 손님 입장에서도 매장 입장에서도 서로 부담없이 취할 수 있는 합리적인 가격이라고 생각한다.

리필은 가능합니다, 하지만!

/

그러나 리필제도에는 몇 가지 방침이 있다. 받아간 잔을 다시 가지고 와서 받아가는 경우에만 1,500원 가격으로 제공한다. 그런데 가끔 아이스커피를 드신 분이 그 잔을 가지고 와 따뜻한 아메리카노로 리필을 원한다. 죄송하지만 그렇게는 해드릴 수 없다. 아이스컵에 뜨거운 물을 부으면 컵이 깨지기 때문이다. 이 경우 고객은 새 컵을 원하는데, 잔을 바꿀 때에는 리필 가격으로 먹을 수 없다. 한 잔의 가치가 온전하게 새로 제공되는 거라면 리필이라 할 수 없기 때문이다.

리필을 이용하지 못하는 경우도 있다. 인원 수 만큼 커피를 주문하지 않았을 경우다. 6명 중 5잔을 시키고, 나중에 1~2잔 리필해달라고 하는 경우 거절의 사유가 된다. 종종 그런 상황에서 "저 사람이 마실 게 아니고 내가 마실 거라고요"하면서 목소리를 높이는 손님이 있다. 이런 분쟁이 생길 때마다 리필제도를 없애고 두 번째 음료도 정가대로 주문하도록 하는 것이 나았을까 하는 생각이 든다.

고객을 위해 만든 제도와 정책임에도 불구하고 해당되지 않은 고객들로부터 인색하다는 소리를 듣는 건 참 씁쓸한 일이다. 그럼에도 1인 1잔을 지키며 여전히 우리의 1,500원 리필을 오늘도 즐겨 이용하는 고객들 생각에 리필제도를 지켜 나가려고 한다.

07

베이커리 없는 카페, 오래 못 간다

SsoH의 다섯번째 지점인 무역점 1층을 확장하면서 또 새롭게 꾸미며 신경 쓴 메뉴가 있다. 바로 '베이커리'다. 박종만 관장님께 자주 들었던 말이기도 하고, 외국 카페들을 방문할 때마다 느꼈던 것이 한국의 카페도 더는 커피만 팔아서는 장사가 어렵다는 것이다.

커피 외에 추가적인 먹거리 메뉴가 없으면 방문객당 매출을 높일 수가 없기 때문에 베이커리는 꼭 필요했다. 처음 시작했던 매장이 베이커리를 같이 하는 프랜차이즈였기 때문에 베이킹에 관한 기초지식은 알고 익히고 있었다. 프랜차이즈를 접은 이후에도 가지고 있는 장비들로 꾸준하게 책을 보면서 베이커리를 익혔고 쿠키, 마들렌 등의 제과류는 만들어봤기 때문에 베이커리를 만드는 일이 불가능하지 않았다. 그러나 내가 직접 베이커리에 뛰어들어 메뉴를 개발하고 만들어내기에는 시간이 턱없이 부족했다. 그래서 기존의 바리스타 직원 중 베이커리 경력이 있는 직원 두 명에게 일주일에 하루씩 베이커리 메뉴를 만들어보자고 제안했다. 시작은 간단했다. 스콘과 마들렌, 파운드케이크를 만들어 판매하기 시작했다. 판매성과가 좋았다. 하지만 우리 바리스타들이 전문 제빵사는 아니었기에 이후로도 꾸준히 다양한 메뉴를 개발하거나 생산해가기는 현실적으로 어려움이 있었다. 고민 끝에 무역점을 오픈하고 확장하면서 전문 제빵사를 고용하기로 했고, 제대로 베이커리를 시작했다.

카페에 어울리는 빵은 무엇일까?

/

하지만 '베이커리'를 운영하는 데도 가장 큰 문제는 '사람'이었다. 세상에 제빵사는 차고 넘쳤지만, SsoH의 상황을 이해하고 우리에게 꼭 맞는 제빵사를 구하는 일은 쉽지 않았다. 우리도 당연히 빵을 많이 파는 것이 목적이었지만, 커피와 함께 먹을 수 있는 사이드 메뉴로서의 건강한 빵을 파는 것이 보다 중요한 과제였다. 나는 퀄리티 있는 제품, 딱 10가지를 원했다. 그리고 생산량이 일반 빵집처럼 많지 않아도 되었기 때문에 혼자서 모든 업무를 맡아서 할 수 있는 사람이 필요했다.

여러 제빵사가 SsoH에 지원했고 면접도 봤지만 이런 우리 요구사항에 맞는 사람은 찾기 어려웠다. 경력이 짧은 사람은 못미더웠고, 경력이 너무 많은 사람은 원하는 만큼의 월급을 주는 게 부담이었다. 그러

다가 3~4년 정도의 경력이 있고, 한곳에서 오래 일한 경험을 가진 직원을 찾아 같이 시작했다. 처음에는 제빵사 외에도 제과기술자도 고용해서 두 명의 제과제빵 담당 인력이 근무했다. 하지만 제과를 담당한 직원은 SsoH의 근무조건과 메뉴개발에 힘들어했고 결국 얼마 가지 않아 그만두었다.

제빵사는 주5일 근무를 했기 때문에 일주일에 2일은 빵을 생산할 수가 없었다. 보조인력이 필요했고, 평소에도 SsoH에 도울 일이 없나 살피던 아버지께 주 2일의 근무를 부탁했다. 처음에는 내가 반죽해둔 미니스콘을 굽거나 제빵사가 반죽해놓은 것을 가져다 만드셨는데, 점점 기술이 늘어서 나중에는 아버지 혼자 힘으로 빵을 만들 수 있게 되셨다. 사실 칠순이 넘은 아버지가 새로운 것을 배운다는 것이 쉬운 일은 아니었을 것이다. 게다가 가르치는 제빵사 입장에서도 배움이 느린 할아버지와 함께 일하는 것이 쉽지 않았을 것 같다. 그래도 아버지는 포기하지 않고 계속하셨다.

아버지의 빵 굽는 일도 올해로 두 해가 넘어간다. 여전히 아버지의 제빵에는 이런저런 아쉬움이 크다. 그러나 이런 아쉬움은 SsoH에서 일하는 모든 근무자들에게도 있기 마련이다. 어제보다 오늘을 발전적으로 살면서 메뉴 개발이나 응용력을 키우기 바라지만, 대다수의 사람들이 안정적인 걸 좋아하다 보니 진취적이지 못할 때가 많다. 아버지도 보통의 사람들처럼 하던 대로 하려 하시고, 도전하는 일을 꺼려하셨지만, 칠순의 나이에도 일에 대한 책임감과 인내, 성실함은 누구에게도 뒤지지 않으신다. 그 점이 오늘도 나에게 많은 본이 되고 힘이 된다.

제빵사는 기본적인 기술을 갖췄고 일의 속도도 빨랐으나 우리의 기대에 미치는 퀄리티의 메뉴를 만들어내지는 못했다. 어느 빵집에서나 볼 수 있는 단팥빵을 기대한 게 아니었는데, 건강빵 메뉴 개발에 대해서는 속도가 더디고 감각이 떨어졌다. 이전 베이커리 가게에서의 3년 경력이 도리어 독이 된 것인지 하던 대로 편한 대로 익숙한 대로만 하려고 했다. 물론 성형이나 개발도 시간이 있어야 배우고 해볼 텐데, 매장에 매여 일하는 입장에서는 그런 도전이 쉽지는 않았을 것이다. 나는 틈틈이 우리 콘셉트를 잘 잡아줄 만한 독특한 빵을 사와서 제빵사에게 맛보이고, 연구하게 했다. 그렇게 응용해서 탄생한 몇 가지 제품 중 '신길동식빵'은 가장 성공적이었다. 떡과 녹색콩, 크림치즈가 들어가서인지 아주머니들 사이에서 굉장한 인기를 끌어 한 사람이 여러 개를 사가 금방 동나기도 하는 우리 매장 대표식빵이 되었다.

그리고 제빵사는 SsoH와 겨우 정이 들었을 때 즈음, 신길동식빵이라는 한 가지 히트 상품만 남기고 떠났다.

카페에 샌드위치는 필수

/

빵 메뉴를 개발하며 샌드위치도 각 매장에 필수적으로 정착시켰다. 호주와 일본을 여행하면서 길거리 작은 카페에도 간단한 요깃거리가 많다는 걸 알았다. 우리도 커피와 같이 먹을 수 있는 먹을거리를 다양하게 만들 필요가 있다는 생각을 했는데, 특히 즉석 샌드위치는 쉽게 만들 수 있을 것 같아 적극적으로 준비했다.

그런데 의외로 직원들의 반발이 컸다. 어떤 지점장은 추가 인력 없이는 절대로 샌드위치를 도입할 수 없다고 주장했다. 신선한 샌드위치는 손이 많이 갈 거라고 생각했기 때문이다. 맞다. 일단 냉장재료를 제대로 관리하기 위한 공간과 신선도에 관심이 필요했고, 시기적절하게 샌드위치를 만드는 것에도 추가로 품이 들었다. 하지만 나는 샌드위치가 폐기가 되는 한이 있더라도 시도하자고 강하게 주장했다. 처음 시작할 때에는 시행착오도 많아서 대량으로 폐기하는 일이 많았지만 결론적으로 샌드위치는 이제 SsoH의 거의 전 지점에서 없어서는 안 될 효자상품이 되었다.

우리가 직접 생산한 빵으로 만든 샌드위치는 식사시간과 주말에 특히 판매가 많다. 간단한 요깃거리와 커피를 원하는 손님들이 자주 찾았고, 배달로 샌드위치를 접한 사람들은 후기로 '직접 만든 빵으로 만들

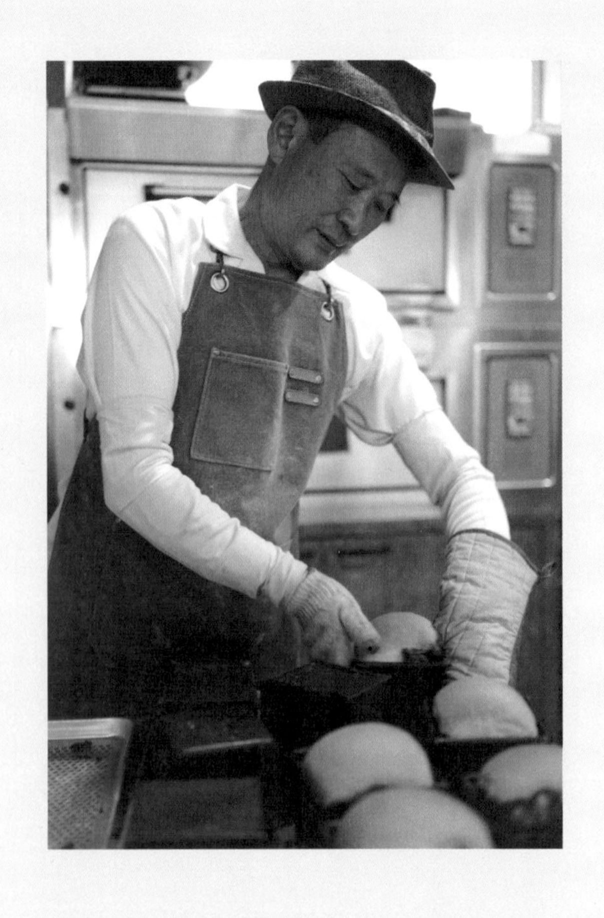

나는 커피를 하는 사람이지만 요즘에는

어디를 가든 '베이커리 중심의 카페'를 찾는다.

그리고 그곳에서 빵을 먹고 커피를 마시면서

우리에게 적합한 베이커리는 무엇일지 계속 고민한다.

그것은 지금 나와 SsoH에 가장 큰 숙제 중 하나이다.

었다는게 좋았다, 기본에 충실했다, 신선했다'며 칭찬을 남겨주었다.

샌드위치는 매출에도 적지 않은 영향을 주고 있다. 특히 밤식빵으로 만든 샌드위치는 정말 인기다. 만약 누군가 자신의 카페에 베이커리 메뉴를 개발할 생각이라면 그중 가장 난이도가 쉽고 접근성이 쉬운 샌드위치를 권하고 싶다. 좀 평범하면 어떠한가. 재료의 신선도를 잘 지켜 정직하게 만들면 그 담백함과 건강한 기운에 손님들은 또 한 번 찾아줄 것이고 커피와 함께 하기 좋은 메뉴로 자리 잡을 것이다.

나는 커피를 하는 사람이지만 요즘에는 어디를 가든 '베이커리 중심의 카페'를 찾는다. 그리고 그곳에서 빵을 먹고 커피를 마시면서 우리에게 적합한 베이커리는 무엇일지 계속 고민한다. 그것은 지금 나와 SsoH에 가장 큰 숙제 중 하나이다. 전문제빵사를 고용해서 빵을 만드는 것은 어려운 일이 아니다. 하지만 그와 함께 지속적으로 합을 맞추는 일은 쉽지 않다. 일단 우리가 자체적으로 베이커리 기술이 내재화되어 있지 않고, 한 명이 단독으로 외주 직원처럼 일하는 것에는 분명한 한계가 있었다. 그래서 지금은 잠깐 고민을 하면서 기본적인 식빵 생산만 하고 있는 상황이지만, 조만간 또 좋은 기회와 사람을 만나서 우리가 원하는 베이커리를 다양하게 생산할 날을 꿈꾸고 있다.

08

코로나 이후, 커피 배달은 선택이 아닌 필수

'베이커리'에 이어 커피시장에서 요구하는 또 하나의 큰 변화는 '배달'이다. 그런데 배달을 해주기 위해 적절하게 배달 조건을 만드는 일이 좀 어렵다. 수수료 때문이다. 배달 플랫폼 수수료는 굉장하다. 무료배송의 기준을 최소 주문금액 1만 원으로 설정했을 때 배달 플랫폼 수수료를 떼고 나면 반토막 난 돈이 입금된다. 고객은 1만 원을 지불했으나 업장에 들어오는 돈은 고작 4,900원 남짓이다. 배달사원에게 지급되는 3,500원의 고정비와 구매액에 대한 수수료가 16.5퍼센트나 떼이기 때문이다. 최소 주문금액을 1만 5,000원으로 올리면 좀 낫다. 배달료 3,500원과 16.5퍼센트의 수수료 2,470원을 빼면 9,000원 남짓 들어오기 때문이다. 그러나 배달 최소 주문금액이 높으면 고객이 SsoH 커피를 집에서 과연 시켜 먹겠는가? 자장면 한 그릇만 시키면 배달해주는 곳과 세네 그릇의 금액만큼 시켜야 배달해주는 곳이 있다면 어디에서 주문하겠는가?

답은 이미 나와 있지만, 배달시켜 먹기 부담스럽지 않은 최소 주문 금액을 정하는 적정선을 찾는 일도 어렵고, 배달료를 음료 가격에 녹이는 작업도 마음이 편치 않다. 특히 매장을 자주 방문했던 단골고객들이 배달 플랫폼을 이용해 커피를 주문할 때 배달 가격이 왜 이렇게 비싸냐며 언짢은 목소리를 전할 때마다 정말 죄송하다.

홈카페 시장에 주목하라

/

여러 어려움에도 불구하고 SsoH는 배달 플랫폼에 모든 지점을 등록하여 온라인에서도 갓 제조한 커피를 판매하고 있다. 온라인에 매장을 또 하나 개점한 것과 같은 효과를 가진 배달시장은 어느 대박집 사장이라고 해도 그 효과를 무시할 수 없을 것이다. SsoH만 하더라도 코로나19 바이러스 사태로 매장운영이 힘들 때 한 지점에서만 배달로 월 1,000만 원의 추가 매출이 나고 있다. 지금이야 이런 매출을 보고 "배달하길 잘했어"라고 말하지만, 3년 전에는 나 이외에 다른 직원들은 배달시장에 대해 확신하지 못했다. 하지만 나는 배달시장이 점점 더 확장될 거라고 생각하며 유심히 보고 있었다.

배달을 시작하기 위한 기반을 세팅하고 진행하는 일도 내게는 큰일이었지만, 직원들의 동의를 얻는 일도 마찬가지로 중요한 일이었다.

돌아보면 새로운 무언가를 시도할 때마다 직원들의 동의를 얻는 건 쉽지 않았다. 매주 임원회의를 하면서 나는 커피시장의 변화를 이야기하고, 우리도 이에 대비해야 한다고 거듭 강조하지만, 몇몇 빼고는 이런 시대적 분위기를 따르는 것에 여전히 보수적인 반응을 보인다. 그런 직원들에게 자극과 동력을 주는 것 또한 내 몫이지만, 문제는 하루가 다르게 빠르게 변화하는 커피시장이 우리를 기다려주지 않는다는 것이다.

커피배달에 중요한 세 가지 포인트

/

코로나19 이후 이전보다 더 많은 사람들이 집밖으로 나오기가 무서워 집에서 온라인마트로 주문해 장을 보고 음식을 배달시켜먹는다. 그 덕이라고 해야 할까? SsoH도 2020년 3월부터 배달 매출이 유난히 증가했다. 주고객층은 대부분 동네배달이다 보니 SsoH를 이미 아는 고객들이었다. 고객들이 집밖으로 나오지 않아 매장 매출이 상당히 하락했을 때 배달로 채워지는 매출이 제법 컸다. 앞으로 배달 플랫폼은 더 중요한 시장이 될 것이다. 이에 내가 몸으로 직접 부딪치며 나름 오랜 시간 경험한 배달시장에서 중요한 세 가지 포인트를 공유해보고자 한다.

① 고객의 니즈를 반영한 메뉴

얼마 전까지만 해도 홀에 앉아서 커피를 마시면서 이야기를 나누는 것이 '카페'의 유일한 목적이었으나, 이제는 집에서도 커피를 배달해 마시고, 커피와 함께 곁들일 먹거리에 대한 요청이 늘어 홈카페 시장이 커지고 있다.

사실 우리보다 앞서 커피문화가 발달한 일본이나 유럽 시장에서의 '카페'는 커피의 품질은 기본이고, 그에 더불어 '간단한 식사'를 할 수 있는 곳으로 당연하게 여겨지고 있다. 앞서 말했듯이 한국의 카페 또한 커피, 샌드위치, 빵, 샐러드, 스파게티, 밥 등의 먹거리도 즐기는 공간으로 확장될 것이다. 고객의 니즈를 적극 반영할 수밖에 없는 온라인 배달 구조는 길거리 카페여도 커피와 다른 먹거리를 다양하게 만들고 제품 수준을 높여줄 것이다. 그렇게 한국의 커피시장은 확장하고 성장할 것이다.

SsoH는 2020년 4월 말, 샐러드 판매를 시작했다. 지점마다 특색 있는 메뉴개발이 필요하다고 생각했는데, 음료와 함께 매장에서 냄새 없이 접할 수 있는 샐러드가 우선적으로 적절해 보였다. 메뉴 개발 과정도 재밌었다. 최종 점검하는 날에는 임원들을 앉혀놓고 메뉴를 고르게 하고 직접 시연해 맛보았다.

음료만으로는 승산이 없다는 생각은 여전하다. 차별적인 먹거리 메뉴에 대한 고민은 현재진행형이며 도전하고 실행하기를 멈추지 않고 있다.

② 배달시간과 최소 주문금액

SsoH를 배달 플랫폼으로 처음 만나는 고객들도 더러 있었는데, 주로 이들은 야간시간대에 주문했다. 야간에는 대부분의 카페가 문을 닫다 보니 장거리 주문이 많았다. 낮보다 야간시간이 신규고객에게 SsoH를 알리기 좋았다. 지금도 가능하면 야간배달의 장점을 누리려고 새벽 한 시까지 홀로 매장을 운영하곤 한다. 배달 매출이 오른 시기를 분석해보면 배달 플랫폼의 배달료 지원 프로모션으로 최소 주문금액을 5,000원으로 낮춰서 배달했을 때 가장 매출이 컸다. 배달 플랫폼에서 배달료를 지원해주었기 때문에 우리는 이 기회를 적극적으로 이용했다. 5,000원이면 부담 없이 배달 주문이 가능했기에 전보다 더 많은 고객들이 더 쉽게 배달을 찾았다. 이 기회로 많은 신규고객들에게 SsoH를 알릴 수 있었고, 고객들의 만족도가 커서 좋은 후기가 쌓였다.

③ 후기와 서비스 개선

재작년 배달을 시작할 때만 해도 후기의 중요성을 잘 몰랐는데, 평점 높은 후기가 누적되니 '여기가 믿을 만한 곳인가'하며 긴가민가 주문을 망설였던 신규고객까지 유입하는 데 성공할 수 있었다.

탁*　　언제나 맛있는 커피팩토리쏘 마을점! 올해 초에 제가 임용고시 2차시험이 2주 남았을 때 너무 긴장하느라 입맛이 없어서 매일 밥을 제대로 못 먹었는데요. 그러던 중에 여기서 샌드위치를 시켜봤어요. 다른 건 잘 안 들어가도 여기 샌드위치는 먹게 되더라고요. 거의 매일 시켜 먹었어요. 결국 합격했고 학교 잘 다니다가 정말 오랜만에 샌드위치를 시켜봤는데 그맛 그대로네요. 저는 여기 샌드위치가 너무 많은 도움이 됐던 터라 잊지 못해요. 맛이 자극적

이지 않아서 그런지 담백하고 맛있어요. 건강하시고 항상 잘되시길!

룰루** 와, 크로플 맛 뭐예요? 앞으로 크로플은 여기서만 시켜 먹을 것 같아요. 동생이랑 한입 베어 물고 텔레비전에서 연예인들이 감탄하는 것처럼 돌고래 감탄소리가 저절로 나왔어요. 바로 한 개 더 시켜 먹을까 하다가 살찔까봐 꾹 참습니다. 앞으로 크로플은 이 집 고정이요!

wkd*** 자주 지나치기만 했던 카페인데 너무 맛있어서 깜짝 놀랐어요. 앞으로 자주 사먹으러 갈게요. 오늘도 힘내세요!

늘 좋은 말만 들었던 건 아니다. 처음 배달을 시작했을 때는 혹평도 많았다. 고객들은 커피를 배달받으며 일어났던 서비스 문제들을 적극 이야기했고, 개선을 요구하고, 더 나은 방법은 제안했다. 우리는 고객 요청을 읽고 좀 더 적극적인 방법을 찾으며 개선해나갔다. 커피가 새지 않게 하기 위해 매직랩을 덮거나, 배달 중 빨대에 먼지가 안 타게 빨대를 냅킨에 완전히 감거나 포장빨대를 사용했다. 또 유난히 더운 날씨 얼음을 덜 녹게 하는 방법도 찾아냈는데 모두 고객들 후기 덕분이다.

더 나은 방법을 연구하고 대안을 마련한 것은 SsoH를 애정하는 고객들의 마음에 대한 우리의 보답이었다. 그 과정에 1리터 커피도 생겼다. 이 맛있는 커피를 두고두고 먹고 싶다는 한 고객의 작은 바람에서 1리터 커피 메뉴가 전 지점에 배달에서뿐만 아니라 매장에서도 추가되었다. 매장에서도 제법 리터 커피를 찾는 손님들이 많을 정도로 인기메뉴이니 성공적인 결과다. 배달 후기는 우리가 미처 헤아리지 못한 고객의 니즈를 알게 해주었고, 이를 적극적으로 받아들이며 SsoH는 지금도 더 나은 방향으로 바뀌고 있다.

그러나 불만족 후기 중에 우리도 어찌할 수 없는 부분이 있었는데, 배달에 걸린 시간이다. 음료를 주문한 지 2시간 만에 받았다는 고객은 이미 화가 많이 나있어 커피 맛이나 품질에는 관심이 없었다. 나였어도 그랬을 것이다. 하지만 배달시간은 우리도 어찌할 수 없는 일이다. 주문 후 10분 동안 라이더 배정이 안 되면 우리는 업체에 계속 전화해 재촉한다. 한 시간 동안 열 번 넘게 전화한 날도 있다. 아무리 재촉해도 턱없이 부족한 라이더 문제의 피해는 고스란히 업장 몫이다. 비싼 수수료와 배달료를 지불하여 배달을 맡기는 것인데, 우리 잘못이 아닌 이유로 고객에게 욕을 먹고 매장 점수가 깎이는 것은 나를 못 견디게 했다.

음료 만드는 시간은 5분이면 충분하다. 이 난제를 어떻게 풀면 좋을까 심각하게 고민하다가 남편을 라이더로 등록시켰다. 라이더가 20분 이상 배정되지 않으면, 남편이 더는 지체할 수 없다며 본인이 직접 나섰다. 그 덕에 배달시간 불만이 줄었다. 야간에는 특히 라이더가 잘 안 잡히는데, 그때마다 배달은 남편 몫이다.

고객들은 우리의 이 수고를 당연히 몰라도 된다. 돈 내고 먹는 건데, 최상의 컨디션으로 된 커피를 받는 건 그들의 당연한 권리다. 그저 맛있게 잘 먹었다는 고객의 말 한마디가 보람을 느끼게 하고 힘을 주니, 그 가치를 지켜주기 위해 우리는 오늘도 노력한다.

09

사장의 고민은 언제나 '동료'

매장이 늘고 한창 바빴던 시기에는 알바생들과 직원들이 자주 바뀌었다. 입사하고 한 달 정도 잘 버티는 이들은 이후로도 SsoH 멤버로서 함께 오래 일했고, 아닌 이들은 금방 나갔다. 일일이 셀 수 없을 정도로 굉장히 많은 사람들이 들어오고 나갔다. 문제는 그 모든 게 비용이라는 점이다.

하루아침에 그만두는 이들을 보며 진짜 무슨 깡으로 들어온 걸까 싶었다. 직원으로서 첫 출근한 날, 업무에 도움이 되기는커녕 폐만 끼쳐놓고, 죄송하단 말은커녕 일한 만큼 돈을 보내라며 계좌번호를 놓고 가는 이들도 제법 많았다. 고객이 들어오고 나갈 때 인사도 하는 둥 마는 둥 해놓고, 커피추출도 제대로 안 해보고, 화장실 청소도 한 번 안 해보고, 왜 출근해서 멀뚱멀뚱 서 있다가 점심시간이 되어 "저 못 하겠어요"

라면서 계좌번호만 주고 가는 걸까? 이 부당함을 왜 업주만 감당해야 할까? 이 친구를 교육하기 위해 충원된 인력에 대한 비용과 가치는 누가 보상해주는 건가? 여기는 학원이 아니라 일터인데 말이다. 업장 근로자의 의무와 사업주의 권리가 동등하게 이야기되면 좋겠다는 생각이 들었다.

그동안 이상한 사업주가 얼마나 많았으면 이렇게 나라에서 근로자 보호를 해줄까 싶으면서도, 요즘에는 근로자가 교묘하게 법을 악용해 사업주를 곤란에 빠뜨리는 경우도 너무 많다. 사업주는 이런 일을 하소연할 곳이 현실적으로 없다. 이런 일방적인 현실에 속이 상할 때가 그때나 지금이나 여전히 많다. 사업주와 근로자 모두 조금만 더 상식적이고 합리적으로만 생각해도 이렇게 서로 시간을 버리고, 경우 없는 일은 벌이지 않을 텐데 말이다.

사장의 권리는 어디서 챙겨주나요?
/

지금까지 잊지 못하는 알바생이 한 명 있다. 결근과 지각을 밥 먹듯이 했다. 영업마감 시간보다 5분 일찍 퇴근하는 건 일상이었다. 근무 중에 수차례 친구들을 불러 공짜음료를 제공했다. 일을 하러 온 건지, 놀러 온 건지 모르게 영업이 끝나는 시간까지 홀에 앉아 친구들과 떠들었다. 장시간 포스를 비우고 밖에 나가기도 했다.

이걸 몇 번이나 참으며 주의를 주었으니 나도 보살이었다. 하지만 더는 달라지지 않은 모습을 보며 참는 건 매장에도, 동료에게도, 손님에게도 득이 되지 않았다. 나는 알바생에게 지금껏 보였던 잘못된 행동들을 짚어주며 그만두라고 말했다.

그런데 이 친구가 마지막까지 말썽이었다. 자신이 잘못한 것이 전혀 없다고 했다. 지점장이 결근과 지각에 대한 주의를 주었음에도 들은 적이 없다고 했고, 친구들 음료도 자기 카드로 다 계산했단다. 오기가 생긴 나는 그 친구 앞에서 포스 영수증을 다 뒤져보았다. 계산된 게 전혀 없었다. 유치한 대화를 몇 번 주고받다가, 이 친구가 전혀 잘못했다는 생각을 갖고 있지 않음을 깨닫고 그냥 덮고 넘어가면 안 되겠다는 생각이 들었다.

"그럼 네가 한번 찾아봐."

친구들이 등장한 8시 30분부터 11시까지의 영수증을 보여주었다. 몇 번 뒤적거리더니 이렇게 말했다.

"계산한 줄 알았는데 제가 착각했나봐요."

"그럼 어떻게 해결할래?"

문제해결까지 하는 모습을 보고 싶었다.

그 친구는 선뜻 답하지 못하며 나보고 답을 달라고 했다.

"그럼 친구들 보고 내일 와서 계산하라고 하거나, 네가 사주는 걸로 하고 네가 계산해."

그랬더니 그 친구는 뒷목 잡고 쓰러질 뻔한 말을 했다.

"그럼 그동안 사장님이 제게 덜 준 돈을 주세요."

"응? 무슨 말이야?"

"10분 일찍 출근시켰잖아요. 그거 더 주시고, 지난번에 한 시간 야근했을 때 추가수당만 주시고 야간수당 안 주셨잖아요. 그 야간수당도 주세요."

10분 일찍 출근시킨 건 유니폼을 갈아입으며 교대할 시간을 가져야 했기 때문이었다. 당시 우리는 5인미만의 사업장이라 야근에 야간수당을 주는 것도 해당사항이 없었다. 하지만 그 친구는 그런 법이 어디 있냐며 노동청에 신고하겠다고 다그쳤다. 그리고 자기는 이 시간 이후로 그만하겠다며 바로 일어나 나갔다.

내게 문제가 있었다면 인정했을 것이다. 하지만 기본에 충실하지 않게 일해도 두 달이나 그 친구에게 숱하게 기회를 줘온 나는 어디에서 보상받을 수 있을까? 그리고 그렇게 불쑥 그만하겠다고 앞치마 던지고 나가면 이후 영업은 문을 닫아야 하나? 하소연 할 데도 없다. 책임 없는 친구들이 논리적이지도, 정확하지도 않은 법적 용어를 쓰며 나를 악질 사업주로 몰아가니, 그 순간 내가 잘못 살아왔나 싶었다.

좋은 동료와 오래 함께 일하고픈 SsoH의 사소하지만 중요한 노력들

/

나는 함께 할 직원을 세우고, 찾는 일에 많은 공을 들이고 있다. 지금도 여전히 답을 모른다. 많은 도전과 동기부여를 해왔음에도 대부분 성공하지 못해 아직도 오래 함께할 직원들을 만들지 못했다. 결혼하는 마음으로 직장을 구하면 좋겠는데 그렇게 생각하고 입사하는 사람은 거의 없는 듯하다. 언젠가 떠날 생각으로 입사한 그들에게 오래 여기서 함께 일하자고 하며 머무르게 하려면 어떻게 해야 할까?

초창기 내가 해온 노력의 가치는 소소한 것도 있고, 굉장한 것도 있었다. 그러했음에도 지금은 회사에 남아 있는 이가 거의 없어 '이래도 다 떠나네. 소용없네'가 되었다. 닭이 먼저냐 알이 먼저냐의 씨름 속에서도 오래 함께할 직원을 찾는 노력은 계속하고 있다. 굳이 이런 과정을 나열한 것은 직원관리가 그만큼 어렵다는 말을 하려는 것이 아니다. 현재 상태로 보면 실패일지 몰라도 10년 전에 비추어볼 때 변함없이 함께해온 한 명의 직원이 생겼고, 다음 10년이 지났을 때 오래 함께한 직원이 한 명이라도 또 있으면 반세기 만에 다시 돌아보는 그때에는 성공한 일이 될지도 모른다. 그 때문에 오늘도 긴 호흡으로 함께 할 직원을 찾고 있다.

아무리 큰 기업이라고 해도 직원이 없으면 아무 소용이 없다. 동네 카페로 시작했을 때부터 내 꿈은 오래 함께할 직원을 찾는 일이었다. 노동에 대한 정당한 대가를 지불하는 건 당연한 것이며, 그들과 함께 일해서 나온 이익을 모두 같이 나눠 갖는 것은 당연하다는 생각에 직원복지를 위한 첫 번째 시도로 파트타이머를 없애고 100퍼센트 정규직을 지향했다. 그리고 수평적 관계를 위한 노력의 첫 번째로 호칭을 통일했다. 별명을 만들어 부르자는 얘기도 있었지만, 서로의 이름 뒤에 '님'자를 붙여 부르기로 했다. 사장님은 없다. 유니폼 셔츠의 칼라로 관리자급의 멤버들을 구분했을 때 직책에 대한 호칭을 심었는데, 자리가

▲ (위) SsoH 워크샵, (아래) SsoH 직원 자율 동아리

사람을 만들어준다는 말처럼 때로는 점장의 권위를 세워줄 필요가 있어서다.

두 번째 시도는 이익에 대한 분배였다. 분기별로 순이익을 계산해서 통장에 남은 돈 그대로를 직원들과 나눴다. 보수나 유지, 재투자에 대한 고민도 안 하고, 퇴직금 생각도 안 하고, 빚 갚을 걱정도 안 하고, 통장에 남은 돈 전부를 털어냈다. 한 개인이 가졌으면 많은 돈이지만, 당시 15여 명의 직원들이 나눠 갖기에 파이가 크지는 않았다. 한 분기 한 분기 따져보면 누구보다 땀 흘려 열심히 일한 건 사실 나였다. 그 돈으로 원하는 수입차를 사고, 아니면 원하는 최고급 머신을 살 수도 있었지만, 내가 상대적으로 더 일했어도 나 혼자서는 이 일을 다 할 수 없었다는 걸 알기에 같이 고생한 직원들과 나누기로 했다. 그렇게 분기마다 이익금을 나누는 과정도 점장들과 회의해서 방법을 정했다. 그렇게 1년 6개월 정도 이익 분배를 했다. 처음엔 균등하게 나누자고 하던 이들이, 어느 순간 신입들은 빼고 분배하자고 했고, 나중에는 직급별 차등 지급하자고 했다. 자본주의 논리대로면 그게 맞을 수도 있다. 같은 시간 일을 해도 현장에서 더 많은 일을 한건 노련한 선임들이니까. 특히나 한여름 사건사고 많을 때는 미숙한 후임이 엎지른 일들을 수습하고 재정비하는 것만으로도 온몸에 땀이 주르륵 흐를 정도였으니까.

세 번째 시도로 부양가족 수당을 지급했다. 결혼한 직원이 입사했을 경우 커피업계 월급으로는 생계가 어려워보였다. 가장인데 바리스타로 살려면 남들과 똑같이 8시간 근무해서 받는 월급으로는 부족해 보였다. 더 많은 시간을 일해서 1.5배의 월급을 받아야 하는데, 그러면 가족과 보내는 시간이 또 줄어들기에 본인도 나도 그렇게 하고 싶지는 않았다. 그래서 자리 잡을 때까지는 회사가 같이 책임질 필요가 있다는 생각에 일정 월급에 도달하기 전까지는 부양가족 수당이라고 해서 추가 수당을 지원했다.

네 번째는 회사 용도로 꼬마차를 구입했다. 주차장이 없어 매장 앞 거주자 전용 주차 공간 사용료를 내면서 정차해두고, 운전자보험 적용 대상 범위를 넓혔다. 만 30세가 넘은 직원이면 누구나 아무 때나 차를 빌려 개인용도로도 쓸 수 있게 했다. 차가 없는 직원들은 출퇴근용으로 이용하기도 했고, 주말 데이트용으로 열심히 빌려 탔다. 물론 불법주정차나 신호, 과속 위반 시 날아오는 범칙금은 해당자를 추적해서 지불하게 했지만, 필요할 때마다 무료로 빌릴 수 있는 SsoH CAR는 모두에게 유용했다.

다섯 번째 시도는 워크샵이다. 근무 기준일이 평일로 돌아가는 구조를 가진 회사에서 워크샵은 일반적인지도 모르겠다. 직원들 휴무에 해당하는 주말에 워크샵 일정을 잡으니 회사 운영에 아무 문제가 없으니까 말이다. 그러나 365일 무휴로 운영하는 카페에서는 특히나 주말 매출이 높은 특성을 가진 우리 카페의 경우는 워크샵을 위해 매장을 1박 2일 닫는 일이 어려웠다. 반나절과 하루 꼬박 매출을 합하면 많으면 1,000만 원 이상이 될 수도 있는데 그 매출을 포기하는 비용이었고, 거기다 20여 명 직원들의 숙소와 식사비, 교통비로 1,000만 원 가량 들었으니 대기업도 아닌, 작은 동네카페에서 직원들을 위한 워크샵을 진행하기란 쉽지 않았다. 그래도 1년에 2회, 상반기와 하반기에 워크샵

▲ 직원들 농장 견학

을 추진했다. 밖에서 자기 어려워했던 직원들도 워크샵을 하고 나면 의외로 너무 재미있었다며 좋아했다. 기운이 오래가서 동료간 협업이 지속되길 바라지만, 사실 에너지는 금새 방전되고, 여운은 그리 오래가지 않는 문제가 한계였다.

여섯 번째 시도는 앞서 말한 바 있듯이 직원들의 커피산지 여행비를 지원하고 있다. 출장이면 출장일 수 있는 여정이지만, 순전히 자신이 가고 싶은 산지를 택해서 공부하고 일정을 짜와 프리젠테이션을 하면 보내주는 것이기에 실상은 여행에 가깝다. 초반에는 가겠다는 팀이 제법 있어서 서로 유쾌한 경쟁도 했다. 1회 1인당 300-400만 원 가량 들어도, 2인까지 매해 지원했다. 그런데 점점 가겠다고 의지를 보이는 이

들이 없어지고 있다. 언어의 한계 때문인 것 같은데, 영어를 못 해도 손짓발짓으로 현지농장에 가서 눈으로 보고 커핑하는 데는 아무 문제가 없으니 언어는 핑계인 것 같다.

이처럼 직원들에게 동기부여를 해주고 싶어 애써온 나의 노력은 결과적으로 실패했다. 최저임금이 어마무시하게 오른 해, 입사 3~5년차 직원들이 거의 퇴사했다. 그 해에만 6~7명 정도 떠난 것 같다. 다른 커피업계보다 신입 월급도 훨씬 많이 주고, 호봉도 10퍼센트씩 인상해주고, 다양한 시도로 여러 복지를 제공하고 있다고 자부해온 나였는데, "돈은 중요하지 않아요"라고 했던 직원들에게 사실 중요한건 기본급 자체였던 것 같다. 물론 건강상의 이유로, 창업을 이유로, 전향하기 위해 그만두는 이들도 있었으나 다른 카페의 분위기를 알고 다양한 경험을 하고 싶어 이직을 한 경우가 많았다. 월급이 비슷비슷해진 상황에서 굳이 꼭 SsoH에 일할 이유가 없어진 것이다.

3년차 정도 되면 그만두는 현실에서, 나는 어떤 동기부여를 해줘야 오래 머물 직원을 얻게 될지 모르겠다. 지금도 여러 신입직원들과 씨름하는 중이다. 때론 유치원생들 데리고 회사를 운영하는 수준처럼 느껴질 때도 있다. 얼마 전 처음으로 권고사직을 한 친구가 세 명 있다. 근무가 태만해서 더 두고 볼 수가 없었다. 동네 구멍가게 마냥 앉아서 핸드폰만 보다 오는 손님을 받아도 1년이 지나면 호봉을 올려줘야 하나 싶다. 호봉제라는 구조가 서로를 망치고 있는 건 아닌가 하는 생각도 든다.

회사가 대체 어떤 노력을 해야 직원들이 자극받고, 열정을 꽃 피울 수 있을까? 나는 여전히 반평생을 함께할 동료를 간절히 원하고 찾는 중인데, 만날 수 있을까? 해봐도 결실이 없어 의지가 꺾여 중단한 복지도 있고, 그러함에도 지속하는 지원도 있다. 여전히 답이 뭔지 모르는 현실이지만 내가 진심으로 간절히 바라는 건, 평생을 함께 할 마음으로 입사해, 애정 있게 회사를 대해주는 멤버들이 많아져서 초창기 이익 분배가 당연하다 여겼던 그 모습으로 운영하고 싶은 것이다. 서로의 열정이 고스란히 전해져 누가 더 갖고 덜 갖고의 판단조차 들지 않게, 모두의 수고를 잘 나눠가는 회사이면 좋겠다.

SsoH Tip

작은 평수 동네카페에 꼭 필요한 서비스

1 미리 테이블 사용에 대한 규칙을 정한다

테이블이 두세 개밖에 되지 않는다면 한 테이블의 가치를 높게 봐야 한다. 첫 번째는 손님이 편하게 앉을 수 있도록 항상 홀 정리를 깔끔하게 해야 한다. 공간이 작다고 운영에 필요한 크고 작은 물품을 손님 공간에 쌓아 두는 경우를 주변에서 곧잘 보는데, 이는 결과적으로 손님을 떨어뜨리는 부정적 효과를 가져 온다. 두 번째로 중요한 것은 한 테이블을 한 고객이 과도하게 점유하는 상황이 벌어질 것을 염두하고 미리 대응하는 것이다. 운영하다가 중간에 새로운 규칙을 내세우면 손님 입장에서 상당히 불쾌할 수 있다. 하지만 카페를 오픈할 때부터 '점심시간에는 홀에서 스터디 불가' 또는 '음료 한 잔당 세 시간 사용'과 같은 적절한 규칙을 내세우고 꾸준히 고객에게 안내하면 서로 불쾌함 없이 홀 사용의 규칙을 세울 수 있다. 안내문을 만들어 테이블 위에 올려 두는 것도 좋은 방법이다. 요즘에는 고객들이 작은 카페의 어려움을 잘 알고 있기 때문에 생각보다 흔쾌하게 이런 규칙들을 받아들여준다.

2 지나친 친밀함은 독이다

고객은 카페 사장이 지나치게 자신의 사생활을 아는 체하는 것에 불편함을 많이 느낀다. 작은 카페의 손님이라면 더욱 그러하다. 고객들에게 너무 아는 체를 하거나 친근하게 다가가는 것이 독이 될 수 있다는 것을 명심해야 한다. 한 예로, 고객이 먼저 개인적인 이야기를 꺼낸다면 잘 반응해주는 것이 좋겠지만, 사장이 먼저 개인적인 질문을 지나치게 물어보는 것은 조심해야 한다. 반면에 고객이 원하는 특이사항은 잘 기억해서 고객이 카페에 올 때 익숙한 편안함을 느낄 수 있도록 서비스하는 것이 중요하다. 모카에 휘핑크림을 안 올리는 손님인지, '따아'가 아닌 '아아'만 찾는 손님인지 등 작은 매장일수록 고객 응대에 더 세심하고 신중해야 한다.

3 배달 서비스를 적극 활용한다

불과 몇 년 전만 해도 커피를 배달시켜 먹는다는 것은 상상하기 어려웠다. 지금은 배달 서비스 상위권에 카페가 있는 것이 전혀 이상하지 않는 세상이 되었다. 이런 변화는 작은 카페에 큰 기회다. 온라인에서 매장 크기는 문제가 되지 않기 때문이다. 이때 기존에 판매하던 커피 음료만으로는 경쟁력이 없기 때문에 무언가 해당 매장의 시그니처 메뉴를 개발하는 것이 필요하다. 와플이 될 수도 있고, 아니면 생뚱맞은 김치볶음밥이 될 수도 있다. '카페'라는 개념에 얽매이지 말고 좀 더 자유롭게 커피와 어울릴 수 있는 메뉴를 개발할 필요가 있다.

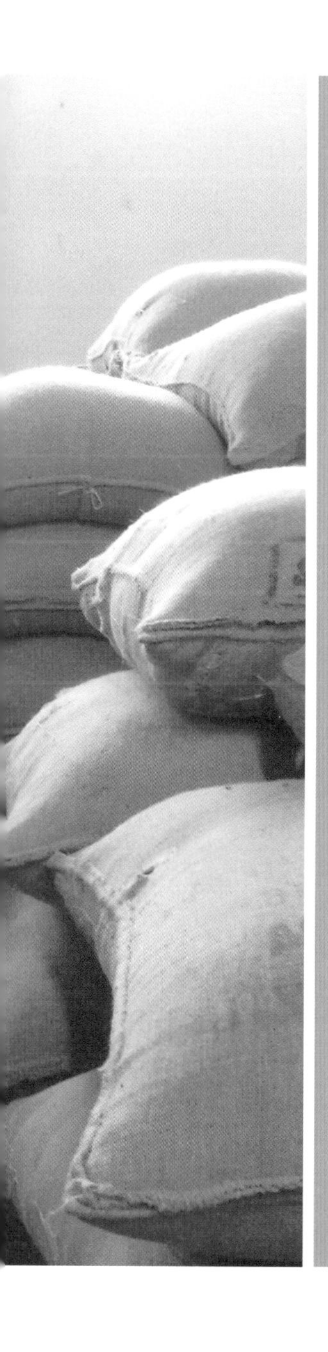

품격 있는 맛을 위한 피땀눈물

커피 맛은 콩의 품질과 사람의 손맛이 좌우한다.
중요도를 굳이 비율로 따지자면 반반 비율로 중요하다.
13년 동안 8개의 직영점을 유지하고 확장할 수
있었던 가장 큰 이유는 좋은 콩을 찾기 위한
노력이 있었기 때문이다.
3장에서는 특히 '콩의 품질'을
높이기 위해 해온 노력들을 소개한다.

01

손님들에게 잊히지 않는 건, 결국 '커피 맛'

한 알의 콩이 한 잔의 음료로 나오기까지는 수많은 과정을 거친다. 커피의 가치는 농부의 가치에서 시작된다. 농부가 수고와 땀으로 경작한 콩을 큐그레이더가 감별하고 선별해서 수출하거나 수입한다. 콩을 선택해 로스터가 맛있게 볶고, 바리스타가 자신의 기술과 감각으로 커피를 추출해 고객에게 제공하는 일련의 과정은 스페셜티 커피산업이 확장되면서 더욱 중요해졌다. 스페셜티 커피콩을 선택하는 카페가 많아지면서 점점 콩의 품질에 대한 관심이 높아진 것은 참으로 반가운 일이다.

그러나 콩의 질이 커피 맛을 결정하는 결정적인 요소는 아니다. 커피 맛은 '씨앗에서 컵에 담기까지FROM SEED TO CUP'라는 전 과정에 걸쳐서 하나씩 결정된다. 고객을 만나는 최전방에 놓인 바리스타의 감각과 실력, 그리고 응대하는 태도까지 모두 고객이 커피 맛을 다르게 느끼게 하는 작은 요인들이다. 그 과정 중 하나라도 모자라거나 넘치면 제대로 된 커피 맛을 놓치게 된다.

나는 손님들이 카페를 다시 찾게 만드는 중요한 요소는 크게 두 가지라고 생각한다. 하나는 고정적인 요소이고, 다른 하나는 동적인 요소이다. 고정적인 요소로는 카페의 초기 세팅에 중요한 음향, 시설과 같은 인테리어적인 요소와 커피 맛의 원료가 되는 콩의 품질을 들 수 있다. 동적인 요소에는 로스터와 바리스타의 손맛을 들 수 있다. 쉽게 말해 분위기 있는 카페에서 편안한 음악을 듣고, 맛있는 커피를 즐겼다면 손님들은 또다시 그 카페를 찾을 것이다.

이러한 하모니를 지키는 것이 매우 중요하지만, 카페창업을 앞두고 투자금의 한계가 있다면 현실적으로 해야 하는 노력은 '커피 맛'을 최우선으로 지키는 것이다. 아무리 분위기 좋고, 고급스럽게 만들었어도 커피가 맛없으면 손님들은 다시 찾지 않기 때문이다.

커피 맛은 콩의 품질과 사람의 손맛이 좌우한다. 중요도를 굳이 비율로 따지면 반반 비율로 중요하다. 커피콩의 품질은 맛을 만들고MAKE, 로스터와 바리스타의 손맛은 맛을 지켜준다KEEP. 맛있는 커피를 위한 노력이 가장 기본이기 때문에 SsoH도 무한한 노력을 해왔다. 13년 동안 8개의 직영점을 유지하고 확장시킬 수 있었던 첫 번째 이유도 좋은 콩을 찾기 위한 노력이 있었기에 가능했다고 생각한다. 3장에서는 그중에서 특히 '콩의 품질'을 높이기 위해 2016년부터 시작한 생두무역과 그밖의 노력들에 대해 함께 나눠보고자 한다.

1단계 : 좋은 콩 찾기

/

좋은 콩을 만나는 것은 좋은 사람을 만나는 노력과 같다. 내가 가만히 있는데, 좋은 콩을 자연스럽게 얻을 수 있는 것은 아니다. 여러 카페를 다니면서 커피 맛을 음미하다 보면 맛의 미묘한 차이를 알게 되듯이, 여러 커피산지를 다니며 콩을 찾다 보면 콩의 차이를 알게 되고 좋은 콩을 얻게 된다. 그 수고가 피곤하거나 어려우면 누군가 그렇게 온 정성을 쏟아 찾은 콩을 받아서 쓰는 것도 방법일 것이다. 나도 직접 로스팅을 하기 전에는 누군가가 맛있게 볶은 콩을 받아서 썼다. 그때는 몸도 마음도 편했으며 콩을 볶지 않는 시간에는 더 많은 일을 할 수 있었다. 그랬던 내가 로스터리 카페를 지향하고, 전향한 이유는 '더 나은 커피 맛을 위해서'였다.

그렇다고 로스터리 카페가 절대적으로 맛있다는 것은 아니다. 그러나 최소한 콩을 알고 볶는 수고와 노력이 있는 곳이라면 맛에 대한 연구도 하고 있다고 생각하기 때문에 어느 정도 기본적인 맛은 유지할 거라고 생각한다.

이후에도 설명하겠지만, 2016년부터 우리는 로스팅을 직접 하는 카페를 뛰어넘어 직접무역을 시작했다. 적당한 콩이 우리나라에 없어서

가 아니었다. 당시에도 한국에는 생두 중개업소가 많았고, 콩 종류도 정말 많았다. 원하는 콩은 온라인 생두 수입업체 사이트에서 쉽게 구할 수 있었다. 샘플 콩을 요청하면 보내주기도 했으니, 부지런하게 움직이면 얼마든지 내 구미에 맞는 콩을 찾는 게 가능했다.

그런데도 직접 수입하게 된 건, 브라질 휴가에서 정말 우연히 만난 콩 때문이었다. 우리 부부는 휴가 때마다 기회가 되면 커피산지로 놀러 갔다. 현지에 가서도 즉흥적으로 물어물어 커피농장을 찾아다닌지 여러 해였다. 2016년 7, 8월 매장이 많이 바빴던 시기가 지나고, 늦여름에 남편과 나는 지구 반대편 브라질로 긴 휴가를 계획했다. 알다시피 브라질은 커피 최대 생산국이다. 아는 사람 전혀 없는 그곳으로 25시간 걸려 날아갔다. 그렇게 배낭 하나 메고 놀러갔던 브라질 여행에서 나는 잊을 수 없는 커피 맛을 만났다. 현지 큐그레이더와 함께 커핑Cupping• 을 했는데, 5일 동안 총 30~40가지 커피 맛을 평가했다. 그중 오래도록 여운을 주는 콩을 만났다. 유난하지 않고, 모나지 않고, 그렇다고 개성이 없지 않은 브라질 플라날토Planalto 농장의 콩을 만났고 그 콩은 첫 눈에 반한 사람보다 더 강렬한 이미지를 남겨 주었다. 매일매일 곱씹어 생각해도 좋은 사람처럼 매일매일 이 콩으로 커피를 마셔도 전혀 싫증나지 않고 좋을 것 같다는 생각이 들었다. 나는 그 콩을 한국으로 직접 수입했다.

• 커피의 향과 맛의 특성을 감별하는 과정.

2단계 : 좋은 콩 만들기

/

좋은 콩을 찾았다면 맛을 만들어야 한다. 한 가지 콩으로 커피를 만들면 왠지 심심하다. 그래서 세네 가지 콩을 섞어 맛을 만든다. 블랜드는 일종의 성형이다. 각 콩이 가진 특징을 기억하고 세 가지를 같은 비율로 섞거나, 네 가지를 25퍼센트씩 섞거나, 혹은 10:20:30:40씩 섞음으로써 추구하는 맛을 만들 수 있다. 이때 결정된 맛은 카페 사장의 철학을 반영한다. 어떤 카페의 커피 맛은 시큼하고, 어떤 카페의 커피 맛은 고소하고, 어떤 카페의 커피는 쓰디쓰다면 그 이유는 블랜딩 차이 때문이다. 세상에 예쁜 사람은 많다. 그런데 디테일하게 들여다보면 누군가는 김희선이, 누군가는 고현정이, 누군가는 김태희가, 누군가는 성유리가 더 예쁘다고 할 것이다.

사람마다 자신이 선호하는 얼굴 이미지가 있는 것처럼, 커피 맛에서도 선호도가 다를 수 있다. 카페 사장은 대중의 입맛과 자신의 기호에 따라 최종적으로 맛을 결정하는데, 이때 산지별 콩의 특징을 기억하고, 블랜딩 비율을 조정해 단맛, 신맛, 쓴맛의 균형을 살려 최상의 맛으로 뽑아낸 콩을 '하우스 블랜드'라고 한다. 단어 그대로 하우스 블랜드는 그 카페의 얼굴이자 대표작이다. 오너의 철학이 담긴 콩이기에 맛이 쉽게 바뀌지 않는다.

나는 13년 동안 '커피 맛'을 위해 총 세 번의 변화를 주었다. 첫 번째는 2014년 로스팅을 직접 시작했을 때이고, 두 번째는 2016년 대용량 로스터기로 바꿨을 때이다. 마지막 세 번째는 2017년 직접무역으로 우리가 원하는 콩을 찾았을 때였다. 로스팅을 직접 시작한 2014년 2월에 공장점을 오픈하면서 콩을 볶기 시작했을 때 브라질, 콜롬비아, 멕시코, 에디오피아 총 네 가지 콩을 섞어 하우스 블랜드를 만들었다.

그러다 장사가 너무 잘되어 에스프레소 수급양이 딸리면서 15킬로그램짜리의 대용량 로스터기로 바꿨는데, 이전과의 편차를 줄이기 위해 블랜딩 종류와 비율을 조정해서 최대한 기존과 비슷한 향미를 지켜냈다. 브라질과의 직접무역을 시작해 2017년 콩이 입고되었을 때 스페셜티 커피콩을 주로 쓰기 위해 또 한 번 블랜딩 비율을 바꿨다. 이때도 내가 추구하는 맛을 표현하기 위해 많은 연구를 거듭했다. 지금까지 맛의 균형이 처음과 크게 달라지지는 않았으나, 이전과 다른 콩을 들여와서 전보다 더 향미가 좋은 커피로 발전해온 것이 지금도 뿌듯하고 자랑스럽다.

3단계 : 좋은 콩 지키기

/

아무리 훌륭한 이천쌀을 선택해서 밥을 지었어도 물의 양을 달리하거나 뜸 들이기를 잘못하면 보슬보슬한 밥을 기대하기 어렵다. 반대로 묵은 쌀을 가지고 가마솥에 밥 짓는다고 윤기가 살아나지 않는다. 커피 역시 좋은 콩을 찾아 그 콩이 가진 특징을 로스터가 로스팅을 통해 잘 살려냈더라도, 현장에 있는 바리스타가 온 감각을 살려 커피를 정확히 추출해내지 못하면 고객은 맛없다고 여기고 말 것이다.

여러 노력으로 좋은 품질의 원료를 선택했다면 현장의 바리스타가 좋은 기술과 감각으로 정확히 만들어야 한다. 그게 맛을 지켜내는 일이다. 바리스타의 그날그날 손맛에 따라 맛이 달라지는 커피가 되지 않도록 언제나 한결같은 커피 맛을 유지하기 위해 바리스타는 감각과 기술을 갖추고 훈련해가야 한다.

SsoH에서는 이러한 훈련이 필요한 신입 바리스타를 위해 학원·교육장을 만들어 신입직원 교육을 하고 있다. 이런 수고가 헛되지 않기를 바라면서 사람에게도 공들이는 중이다.

아무리 훌륭한 이천쌀을 선택해서 밥을 지었어도 물의 양을 달리하거나 뜸 들이기를 잘못하면 보슬보슬한 밥을 기대하기 어렵다. 여러 노력으로 좋은 품질의 원료를 선택했다면 현장의 바리스타가 좋은 기술과 감각으로 정확히 만들어야 한다. 그게 맛을 지켜내는 일이다.

02

재투성이 할머니가 될 때까지 콩을 볶고 싶은 이유

2008년에 본점을 시작으로 공장점, 교육점, 그리고 2016년에 물류점까지 네 개의 매장을 성공적으로 안착시켰을 때다. 이제 한숨 돌릴까 싶었는데 또 다른 문제가 발생했다. '로스팅 용량'이 문제였다. 맛있어서였을까? 네 개의 매장이 활발하게 돌아가다 보니, 애초에 공장점을 열면서 생각했던 양보다 훨씬 많은 양의 커피원두가 필요하게 되었다. 아니, 본점과 공장점이 생각보다 성공적으로 영업되었을 때부터 이미 로스팅 용량이 문제가 되기 시작했다. 그래도 어떻게든 잘 끌고 왔는데, 교육점과 물류점까지 더해지니 그 필요가 두 배가 되었고 공장점의 로스터기를 거의 매일 긴 시간 사용해도 모자랐다.

로스팅에 들어가는 시간과 노력은 그래도 견딜 만했다. 하지만 로스터기 사용으로 생기는 소음과 분진에 대한 이웃의 민원은 정말 견디기 힘들었다. 점점 강도가 세지는 민원에 로스팅을 할 때마다 눈치가 보였다. 우리는 비용을 들여 옥상까지 연통을 더 높이고, 원활한 배기를 위해 모터를 다는 등 나름의 노력을 했다. 또 정해진 시간에만 로스팅을 하는 것으로 이해를 구했지만 야속하게도 옆 가게는 점점 더 강하고 민감하게 반응했다.

마음 놓고 콩을 볶을 수 있는 건물주가 되다

/

결국 더 큰 로스터기를 '안정적으로' 운영할 장소가 필요했다. 그리고 그 장소는 주변의 민원에 휘둘리기 쉬운 '임대' 매장이 아니라 회사 명의로 되어 있는 '우리' 매장이어야 했다. 옳고 그름을 떠나서 일단 한국에서 '임대'라는 것은 '한시적'을 의미한다. 물론 좋은 건물주를 만난다면 10년, 20년, 그 이상의 기간도 한곳에서 매장을 운영할 수도 있다. 하지만 건물주가 바뀌거나, 또는 주변환경의 변화에 따라 재건축이 될 수 있는 상황에서 오랜 시간 안정적으로 '임대' 매장을 운영하는 것은 매우 힘든 일이다. 건물주와 이런저런 갈등을 겪으면서 임대가 아닌 우리 매장이 꼭 필요하다는 생각이 더욱 강해졌다. 정말 내 건물이라면, 누구의 눈치도 보지 않고 마음대로 로스팅을 할 수 있고, 인테리어나 설비시설도 아끼지 않고 마음껏 투자해서 100년 가는 나만의 카페를 만들 수 있을 것이라는 욕심이 생겼다.

하지만 언제나 그렇듯이 문제는 자금이었다. 당장 내 수준에 번듯한 건물을 구입할 자금이 없었다. 그래도 매장 주변의 부동산을 찾아다니며 건물을 알아보았다. 그중에는 현재 끼어 있는 보증금과 추가적인 대출, 그리고 우리가 가지고 있는 자금을 사용하면 구매할 수 있는 건물들이 제법 있었다. 하지만 그렇게 쉽게 구해지는 건물은 우리 마음에 쏙 들지는 않았다. 시간이 날 때마다 주변 부동산을 돌아다니며 계속 발품을 팔면서 여러 건물들을 알아보기 시작했다. 그 결과 신길동에 위치한 두 개의 건물이 최종적으로 우리 마음에 들었다. 둘 다 주차장도 있었고, 건물 전체가 상가로 되어 있어서 임차인만 나가면 우리가 바로 카페를 운영할 수 있었다. 위치도 기존의 매장들과 멀지 않아 점을 이어 선을 확장해갈 수 있는 적정한 위치였다.

그러나 아무리 은행대출을 받고 우리가 가지고 있는 자금을 끌어 모아도 그 규모의 건물을 구매하는 것은 불가능해 보였다. 포기해야 할 것 같다고 생각하던 어느 날, 우리 사정을 알던 시어머니께서 힘을 보태주겠다고 연락을 주셨다. 가지고 계셨던 노후자금과 현재 살고 있는 자가의 아파트를 전세로 돌려 보태줄 테니 한번 해보라는 거였다. 그에 더해 친정 부모님도 본인들의 아파트를 담보로 대출받아 도와주셨다. 시어머니와 친정 부모님의 집과 노후까지 끌어모아 그렇게 우리는 빚더미 위에 신길동의 한 건물을 매입했다.

어쩌면 우리가 은퇴할 때까지도 그 빚을 다 못 갚을 수도 있다. 어쩌면 그 건물을 통으로 임대하는 것이, 매달 원금과 이자를 갚는 비용보다 더 경제적일 수도 있다. 하지만 그래도 우리 뜻대로 '100년 가는 카페'를 만들고 싶다는 생각에 그 모든 위험과 비용을 감수하기로 했다. 우리보다 더한 시어머니의 추진력과 대범함이 있었기에 신길동 건물 계약이 성사된 건지도 모르겠다. 어머니는 무엇을 보시고 그렇게 다 털어 우리에게 큰돈을 보태주신 걸까. 다시 생각해도 감사하다. 그래서 갚아야 할 부담과 책임이 엄청나다. 이 건물에서 진짜 우리 몫은 주차장 한 켠 정도 되려나. 그만큼 돈 없이 깡으로 일을 벌였다.

이 시기 브라질과의 직접무역을 시작했기에 지점 이름을 '무역점'이라고 부르기로 했다. 다행스럽게도 계약 후 3년이 지난 지금까지도 무역점은 매우 잘 운영되고 있다.

SsoH가 선택한 최선의 로스터기

/

드디어 우리에게도 안정적으로 마음 놓고 로스팅 할 수 있는 공간이 생겼다. 무역점에는 15킬로그램짜리 로스터기를 설치했다. 기존의 4킬로그램짜리 로스터기로 세 번 볶는 시간을 15킬로그램짜리로는 단 한 번에 끝낼 수 있었다. 대용량 로스터기를 들이기 위해 여러 회사를 알아봤다.

로스터리 카페 SsoH를 시작하면서 처음 사용했고 한국 최초의 커피 박물관인 왈츠와닥터만에서 사용하고 있는 직화식 럭키 본막 로스터기 15킬로그램짜리를 알아봤는데, 역시나 현실적으로 구입은 불가능했다. 일본의 후지로얄Fujiroyal, 럭키Luckey(본막), 독일의 프로밧Probat 로스터

여러 시련과 고된 노동 속에서도 굳이 자기
로스팅을 고집하는 이유는 '커피 맛'을
포기할 수 없어서다. 주어진 맛에 순응하기보다
적극적으로 맛을 찾고 연구하는 수고가 즐겁다.

기는 100년 이상의 역사와 전통만큼 값이 비쌌다. 그래서 대용량이 일반화된 반열풍식 로스터기들 중에서 가장 직화식과 같은 효과를 낼 수 있는 로스터기를 고민했다. 그중에서 나는 기센Giesen 로스터기를 선택했다. 가격은 다소 비싸지만 드럼이 두꺼워서 안정적인 열을 낼 수 있다는 것이 선택의 이유였다. 또한 기센은 150년 이상의 역사를 가진 독일 프로밧 직화식 로스터기를 만들었던 엔지니어들이 독립하여 설립한 네덜란드 로스터기 회사이기에 기계의 기술적인 부분에서도 신뢰가 갔다. 한국에는 경기도 광주 신현리에 플래그 샵이 있어 상담이나 A/S도 바로 된다. 또한 지금은 세계대회 로스터기로도 인정받아 그 가치가 더 높아졌다.

대용량 로스터기를 들이기로 결정한 후 문제는 또 생겼다. 바로 설치의 문제. 주변이웃들에게 소음으로 인한 피해를 끼치고 싶지 않았기에 고민 끝에 처음부터 대용량 제연기를 설치하고, 연통도 옥상 위까지 길게 올렸다. 200도 이상으로 볶아지는 콩이기에 거의 볶아졌을 때 즈음 연기가 나오는데, 난로 피울 때 나는 연기 정도만 보인다. SsoH가 시골에 있었다면 굳이 제연기를 설치하지 않았겠지만, 도시에 있었기에 나오는 연기를 태워 없애는 제연기까지 이중으로 설치했다. 그 과정은 결코 쉽지 않았다. 그래도 우리 건물이었기에 모든 설비에 아낌없이 투자했다. 하지만 결론적으로 우리가 어떤 노력을 하더라도 주변의 민원은 어쩔 수가 없어 보였다.

어느 날, 로스팅을 시작한 지 30분 정도 지났을까 소방차가 왔다. 소방관 두 명이 매장으로 다급히 들어와 물었다.

"여기 건물에서 연기가 난다고 신고가 들어왔어요."

"아, 커피콩을 볶고 있어서 연기가 난 거예요. 불이 난 건 아닙니다."

"다행이네요. 신고가 들어와서 출동한 건데, 주민 분들이 놀라셨나 봐요. 연기가 얼마동안 날까요?"

"지금 들어간 것까지만 볶고 금방 정리하겠습니다."

그렇게 소방차까지 출동한 해프닝에 나는 로스팅을 급히 멈췄다. 그리고 제연기를 설치했음에도 연기가 그렇게 많이 났나 싶어 살펴보니 내가 실수로 제연기 전원을 켜지 않은 것을 알게 되었다. 아직 대용량 로스터기와 친해지지 않아 일어난 실수였다. 그 사건 이후로 제연기 스위치 켜는 것은 절대 까먹지 않는다. 그래서일까? 그 후로 소방차가 출동하는 일은 다시 없었다.

민원에, 소방차에, 고된 노동에, 그럼에도 불구하고

/

그러나 구청에서는 이따금씩 민원이 들어왔다며 다녀갔다. SsoH의 직원들에게는 아무렇지도 않은 소음과 냄새, 작은 진동이었지만 이웃들에게는 그렇지 않았다. 기존에 SsoH가 없었던 상태와는 같을 수 없었기에 민원은 끝없이 이어졌다. 심지어 우리 매장 근처에 사는 한 분은 SsoH의 단골이면서도 우리가 로스팅하는 것을 너무 싫어해 대놓고 여러 차례 민원을 넣어서 우리를 힘들게 하기도 했다. 민원을 받고 나온 공무원조차도 우리가 해놓은 이런저런 설비들을 보고는 "더는 SsoH가 할 수 있는 것이 없어 보이네요. 조치 잘하셨네요"라고 말하고 갈 정도였으니, 우리는 도시에서 대용량 로스팅을 하기 위한 최선의 장치를 다 한 셈이다.

지금은 주변 이웃들이 소음과 냄새에 익숙해진 것인지, 많이 이해해 주어서 더 이상의 민원 없이 제법 자유롭게 로스팅할 수 있게 되었다. 참 감사한 일이다. 그래도 로스팅할 때마다 나는 고객을 살피고, 이웃을 살피는 긴장을 한다.

무엇보다 콩을 살피는 일이 최우선이지만, 이 집중력은 고객과 이웃의 관심이 긍정적일 때 잘 고조된다. 로스팅 중인 상황을 보며 "우와~우와" 하며 반겨주고, 사진 찍어도 되느냐고 묻는 호의적인 고객들을 만나면 힘이 나고, 그 환영에 보답하고 싶어진다.

그러나 아주 가끔이지만 반대 상황을 마주할 때는 이런 생각도 들 때가 있다.

'이게 뭐라고 이 정도까지 노동을 들이면서도 우리는 욕을 먹는 거지?'

'이럴 바에 그냥 다른 업체 원두를 가져다 쓸까?'

직접 로스팅을 하는 노동이 굉장히 고되고 힘든데, 민원까지 들어오면 허탈해져서 드는 생각이다.

일주일마다 300킬로그램의 생두를 나르고, 내 키보다 높은 로스터기 호퍼에 생두를 여러 차례 나누어 쏟아 붓기 위해 머리 위로 무거운 생두를 든다. 더운 여름 200도가 넘는 로스터기 옆에서 온몸이 땀에 젖으면서 불 옆을 지키는 수고를 한다. 볶아진 콩을 블랜딩하고 소분하면서 조금 전에 볶았던 300킬로그램의 콩을 다시 들고 나르는 수고가 모두 고된 노동이다. 재투성이 아가씨, 아니 아줌마가 된 기분이다. 그렇게 노동을 들이고 정성을 들여 볶는 과정에 민원이 들어오면 허무해지곤 한다.

'나는 고객들을 최대한 배려한다고 이송기도 치워버렸는데…. 이송기 쓸 때가 몸이 더 편했는데, 나보다 고객을 더 생각한다고 치웠는데도 민원이…'

이송기를 작동하면 강력한 흡입력에 바싹 마른 콩이 깨지기도 한다. 그리고 청소기보다 더한 소음으로 콩이 로스터기에 들어가는 그 순간 고객들이 정말 흠칫 놀란다. 콩이 들어가는 10초간 모든 대화는 중단될 수 밖에 없다. 로스팅 중 매 15분마다 그런 상황이 나온다면 아무리 카페 콘셉트가 공장식 로스터리 카페라고 해도 고객은 로스팅하는 날에는 카페에 방문하지 않을 수도 있다. 또 깨진 콩은 작아진 부피로 인해 로스팅할 때 더 빨리 타서 맛이 달라질 수밖에 없다.

그래서 과감히 이송기를 치웠다. 덕분에 머리 위로 매주 300킬로그램씩 생두를 부어넣는 작업을 직접 하고 있지만 이송기를 사용하지 않음으로써 온전한 콩이 로스팅되고, 우렁찬 소음이 나지 않아 고객이 전보다 더 조금이라도 안락함을 느낀다면 내 수고는 괜찮다.

여러 시련과 고된 노동 속에서도 굳이 자가 로스팅을 고집하는 이유는 '커피 맛'을 포기할 수 없어서다. 좋은 콩을 발견하고 만들고 지키는 일은 신나는 일이다. 주어진 맛에 순응하기보다 적극적으로 맛을 찾고 연구하는 수고가 즐겁다. 또 그것을 실제 고객에게 선보이며 반응을 엿보는 것도 보람 있다. 로스터로서 더 나은 맛을 찾는 일은 나를 정체하게 하지 않도록, 더 열심히 움직이게 만드는 동력이 되고 수단이 된다. 그렇기에 나는 밥숟가락 들 힘이 남아 있는 한 백 살까지 로스팅하고 싶다.

03

브라질과의 직접무역 도전기

다섯번 째 지점인 '무역점' 건물을 계약하고 남편과 함께 브라질로 여행을 떠났다. 커피를 업으로 하니 세계에서 커피를 가장 많이 생산하는 나라에 한 번은 가보자라는 생각에서 선택한 브라질이었다. 그 이상의 무언가를 고려했던 것은 아니었다. 처음 우리가 계획한 여행 일정도 브라질의 주요 관광지에 더 많은 초점이 맞춰져 있었다.

하지만 막상 브라질에 가기로 결정하니 '가능하면' 커피농장을 구경해봐야겠다는 생각이 들었다. 그래서 브라질 스페셜티 커피협회 'BSCA The Brazil Specialty Coffee Association'라는 곳을 통해 브라질의 스페셜티 커피농장 몇 군데에 연락을 취했더니 일이 커졌다. 농장에서 매우 적극적인 답변이 왔고, 결국 우리는 여행 일정의 많은 부분을 농장 견학으로 채우게 되었다.

▲ 브라질 유명 커피농장 '몬테알레그레' 직원분들과

농장 측에서 6시간 거리의 공항까지 마중 나왔다. 우리가 머물 숙소도 예약해줬다. 숙소로 아침 9시마다 픽업을 왔고, 같이 사무실에 가서 에스프레소 한 잔 마신 다음, 본격적으로 커핑을 2~3회 했다. 낮엔 농장을 탐방했고, 이후에는 커피 재배나 수확과 관련된 기계들을 생산하는 브라질 대표 농기계 브랜드 '필할렌스Pinhalense 공장'을 견학했다. 필할렌스는 전 세계적으로 커피 가공 기계를 만드는 곳으로 유명하다. 브라질은 커피 최대 생산국인 만큼 커피와 관련된 농기계가 긴 역사를 이어오며 상당히 발달해 있었다. 공장 부지에는 엄청나게 큰 규모의 기계가 가득했다. 생두 크기를 선별하는 기계, 결점두Defect Bean를 걸어내는 기계, 체리를 까고 내과피Parchment를 제거하는 기계, 그리고 탈곡

기며 건조기며 수확기며 이름도 모르는 기계들이 놓여 있었다. 브라질 커피는 1991년부터 펄프드 내추럴Pulped Natural 가공법• 을 시작했다는데 아마 그때부터 이런저런 기계 사용이 더해진 모양이다.

공장 한 켠에서 작은 샘플 로스터기를 볼 수 있었다. 아직 시장에 내보이기 전인 출품 전 모델이었는데도 일본에서 문의가 많다고 했다. 커피에 정통한 일본인데도, 상당히 발 빠르게 신문물인 샘플 로스터기에 관심을 보이는 모양이었다. 견물생심이라고 했던가. 나도 하나 사고 싶었다. 가격은 아직 결정되지 않았다고 했지만, 6,000불은 넘을 거라고 했다. 금방 포기했지만, 다양한 생두를 같이 넣고 동시에 볶을 수 있어 볶는 시간을 맞추기에는 딱 좋은 모델이라 몇 년이 지난 지금도 그 기계가 자주 생각나곤 한다.

나를 매혹시킨 중성적인 맛의 콩

/

숙소-사무실-농장-공장 코스로 일주일을 꽉 채웠다. 우리가 무역에 대해 무지한줄 알면서도 초짜 바이어를 대하는 커피업체의 태도는 진지했고 열정적이었고 따뜻했다. 굉장한 환대였다. 그들은 출근하자마자 에스프레소 한 잔을 뽑아 단숨에 들이키는 것으로 하루를 시작했다.

• 펄프드 내추럴Pulpped Natural : 커피체리의 껍질만 제거하고 과육이 남은 상태에서 건조하여 과육의 맛이 커피생두에 스며들게 하는 가공법.

가급적 큰 컵에 커피를 담아 이리저리 컵을 들고 다니거나, 사무실 책상에 올려두고 하루 종일 마시는 우리나라 문화와는 완전히 달랐다.

브라질의 커피역사는 우리나라보다 훨씬 길고, 그만큼 커피가 일상화된 문화라서 우리나라와는 차이가 컸다. 브라질에서는 다섯 살짜리 아이들도 보리차 마시듯이 커피를 마신다고 듣기도 했는데, 사실일지 모르겠지만 그만큼 커피가 친숙하고 흔한 문화라는 것은 짐작하고도 남았다. 우리 부부는 에스프레소 한 잔을 매일 오전 9시에 들이켰으며, 사무실 옆 커핑공간에서 위가 쓰릴 정도로 커핑을 했다. 커핑 때 들이킨 커피를 다시 뱉는 것조차 익숙치 않았던 내가 50여 차례 향미 평가를 하니 나중에는 차츰 후각과 미각을 동원해 향미를 평가하는 커핑에도 익숙해졌고, 콩 구분도 쉽게 할 수 있게 되었다.

브라질 농장에서 맛본 스페셜티 커피는 내가 흔히 알던 브라질 커피의 중성적인 맛을 뛰어넘었다. '중성적'이라는 표현은 브라질 커피를 말할 때 자주 쓰이는데, 맛에 특징이 없어서 무슨 맛인지 모를 정도로 그저 그런 맛을 뜻한다. 과일주스나 탄산처럼 시지도 달지도 짜지도 톡 쏘지도 않은 일반적인 물을 마실 때 내뱉는 표현과 같다고 보면 된다. 그처럼 나뿐 아니라 많은 이들도 브라질 커피는 아무 맛도 안 나는 커피라는 선입견을 갖고 있었는데, 그러한 선입견을 뛰어넘는 커피들을 만났다. 커핑하는 동안 "어? 오~ 와~!" 하는 소리가 나도 모르게 불쑥불쑥 튀어나왔다. 개성이 있었다. 특색 있는 그 커피를 한국에 있는 우리 고객에게 소개하고 싶은 마음이 가득했다.

우리 부부는 에스프레소 한 잔을 매일 오전 9시에 들이켰으며,
사무실 옆 커핑장에서 위가 쓰릴 정도로 커핑을 했다.
50여 차례 커핑을 하니 나중에는 차츰 후각과 미각을
동원해 향미를 평가하는 커핑에도 익숙해졌고,
콩 구분도 쉽게 할 수 있게 되었다.

04

직접무역의 A부터 Z

처음부터 직접무역을 생각하고 온 것은 아니었지만, 커피농장을 다녀 보니 단지 여행으로만 이곳에서 일정을 마치면 안 되겠다는 생각이 들었다. 그래서 '커피를 직접무역'하기로 했다. 그제야 컨테이너 비용을 알아보고, 품질별 단가를 알아보고, 포장방법을 알아보고, 운송책임 보험을 알아봤다. 생전 처음 시도한 현지와의 무역 거래는 남편이 있었기에 가능했다.

남편이 무역과 관련된 궁금한 내용을 확인하는 동안, 나는 한국으로 보낼 커핑을 통해 결정한 몇 가지 생두의 샘플을 요청했다. 우리가 직접 들고 다니는 게 안전하고 빠를 줄 알았으나 이후 브라질 로스터리 카페 탐방 여정도 남아 있고, 무게도 만만치 않아서 고민 끝에 바로 한국으로 보내달라고 요청했다. 한 달 걸릴 줄 알았던 샘플 생두는 우리보다 먼저 한국에 도착해 통관을 기다렸다. 브라질에서 더 여유롭게 일정을 마치면 참 좋았겠지만, 이 맛있는 커피를 SsoH 직원들과도 빨리 나누고 싶었기에 3주 꽉 채운 일정을 마치자마자 우리도 서둘러 한국으로 돌아왔다.

생두 샘플 통관 절차는 크게 어렵지 않았다. 샘플 배송을 대행했던 페덱스 담당자가 이메일로 알려준 것에 따라서 수입 통관 신청 사이트에 가서 통관 정보를 입력하고 며칠 기다리니 통관이 완료되었다. 적은 양의 샘플은 복잡한 검사를 거치지 않고 육안 검사나 서류 검사를 하기 때문에 보통은 쉽게 통과가 된다고 한다. 멀리 브라질에서 정성스레 보내준 소중한 10여 개의 샘플을 가지고 우리 직원들과 함께 테스팅을 했다. 커핑 결과, 파라나Paraná에 위치한 캘리포니아 농장의 콩과 미나스 제라이스주Minas Gerais에 있는 플라날토 농장의 콩이 최종 후보지에 올랐다. 고민 끝에 우리를 환대와 친절로 맞아주고 브라질에 대한 좋은 첫인상을 갖게 해준 퀄리카펙스Qualicafex의 주앙을 믿고 플라날토 농장의 콩을 수입하기로 했다.

그때부터 남편은 더욱 바빠졌다. 수입에 관한 서류 작업, 운송에 드는 모든 과정을 도맡았다. 한 컨테이너에는 17톤까지 적재할 수 있었다. 비용적으로는 컨테이너를 꽉 채우는 게 운송비를 아끼는 일이었지만 당시 우리 매장에서 연간 소진하는 콩을 계산해보니 17톤을 다 채우는 건 무리였다. 콩을 매해 한 컨테이너씩 받는다면 더없이 좋겠지만, 우리 사정에 맞춰서 첫 해에 12톤만 받기로 했다. 물론, 하우스 블랜드로 브라질 콩만 섞어 맛을 내는 걸 연구해볼 수도 있었겠지만, 블랜딩을 한

나라에만 의존하는 건 위험하다. 100퍼센트 의존한 나라에 흉작이 들면 콩을 공급받기 어려워지고, 엄청나게 인상된 값을 치러야 하는 부담이 생길 수 있기 때문이다. 하우스 블랜드는 그만큼 안정적인 콩 수급이 가능해야 했기에, 운송비 절감 부분은 포기하기로 했다.

시작은 순조롭게

/

수입 생두의 종류와 양을 선택한 이후에는 최종 가격에 대해 흥정했다. 단순히 콩 자체의 가격만 논의하는 것이 아니다. 포장을 어떻게 하느냐에 따라서도 가격은 미세하게 달라진다. 그리고 워낙 많은 양을 다루는 것이기 때문에 그 미세한 차이도 최종 금액에는 수십 수백만 원의 차이를 보인다. 통상적으로 브라질 생두 마대 단위는 60킬로그램이다. 우리나라 옛날 쌀가마니 무게보다는 적지만, 장거리 운반 시에 사람이 들어 나르는 상황이 생기기도 해서 한 사람이 나를 수 있는 무게를 고려해 30킬로그램으로 쪼개기로 했다. 그리고 적도를 지나오는 배의 상태가 어떠한지 짐작할 수 없어 비바람에 문제없는 그레인 프로Grain-pro라는 두꺼운 농산물 전용 비닐로 마대 안에 추가 내포장을 하기로 했다. 그렇게 포장단위까지 최종 가격에 대한 협의를 마치고 계약서를 주고받는 등 본격적인 수입 절차에 들어갔다.

수입 절차의 첫 번째는 '수입식품 수입판매업' 허가를 받는 것이었다. 우리가 카페를 하려면 '일반/휴게 음식점' 허가를 받아야 하는 것처

럼, 생두를 수입하기 위해서는 '수입식품 수입판매업' 허가를 받아야 한다. 이 허가를 받으려면 일단 사무실이 있어야 하고 기본교육을 수료한 후에 인터넷으로 신청해야 했다. 마침 공사 중이던 무역점 3층 한 켠을 사무실로 등록하여 수입식품 수입판매업 허가는 별로 어렵지 않게 받을 수 있었다. 그리고 수입 운송과정을 대행해줄 업체를 알아봤다.

보통 '포워더forwarder'라고 불리는 이런 수입 운송 대행업체는 우리를 대신해서 비행기 또는 선박을 섭외해 그곳에 선적하고 한국 공항이나 항구에 내려 차량으로 우리 가게까지 운송하는 모든 절차를 대신해준다. 업체를 찾는 과정은 나의 아프리카 인맥이 도움이 되었다. 코이카 단원일 때 탄자니아에서 친하게 지냈던 한국인 분 중에 해외 무역업을 하셨던 분이 계셔서 도움을 청하니 흔쾌히 자신과 인연이 있는 업체 한 곳을 소개해주셨다. 사실 우리는 계속 그 업체와만 거래해서 다른 업체가 어떤지는 모른다. 하지만 우리 같은 초짜 수입업자가 두 번의 수입을 하면서 생긴 이런저런 문제들을 친절하게 잘 응대해주어 지금까지도 만족하고 있다. 좋은 인연이 이어지고 유지될 수 있다는 것은 참 즐거운 일이다.

예상치 못했던 난관

/

생두 직거래에는 큰돈이 움직인다. 그러다 보니 물건을 먼저 받고 돈을 줄 것인지, 돈을 먼저 보낼 것인지의 문제도 은근히 민감한 문제가 될 수 있다. 하지만 우리는 직접 브라질 여행을 하면서 주앙과 인간적인 친분을 쌓았기 때문에 이 문제에서 많이 자유로웠다. 주앙은 먼저 물건을 보낼 테니 돈은 천천히 보내달라고 했다. 먼 나라에서 온 낯선 우리를 그렇게 믿어주는 것도 참 고마운 일이었다.

주앙으로부터 생두를 보냈다는 선적 확인서를 이메일로 받고 나서 돈을 보냈다. 그런데 문제가 발생했다. 해외송금이라는 것은 우리나라 내부에서 돈을 보내는 것과 너무도 달랐다. 우리나라에서는 은행 이름과 계좌번호만 알면 바로 조회해서 돈을 받는 사람을 확인하고, 또 바로 돈을 보낼 수 있다. 하지만 해외송금의 경우에는 상대 은행과 받는 사람에 대한 정확한 정보를 미리 파악해서, 이것을 국내 은행에 알려주면 이 정보로 상대 은행에 '전문'을 보내고 이 전문이 제대로 확인되어야 돈이 송금된다. 이름의 철자 하나만 틀려도 송금에 문제가 생긴다.

미국이나 일본과 같이 송금이 잦은 나라와는 문제가 적은 것 같다. 하지만 우리는 브라질로 돈을 보내야 했는데, 미국은행의 브라질 지점으로 돈을 보내는 상황이 생겨버렸다. 이런 특수한 상황(수취은행과 중개은행을 다 적어야 하는데, 우리는 수취은행만 적음)을 주거래 은행인 기업은행의 지점 담당자도 짚어내지 못했고, 우리가 적은 내용만 가지고 송금을 시도했던 것이 문제였다. 우리 계좌에서 돈은 이미 나갔는데, 브라질 쪽에서는 받았다는 연락이 없었다. 확인해보니 우리가 보낸 '전문'이 문제가 있다고 상대 은행 측으로부터 재발송을 요청받은 것이었다. 부랴부랴 브라질 쪽에 다시 연락해 좀 더 자세한 정보를 받아 전문을 보냈다. 그런데 다시 보낸 전문이 또 반송되었다. 이번에는 은행 담당자가 실수를 했다. 결국 전문을 세 번이나 보내고서야 완료되었다는 전문을 받았다. 그러고도 그 금액이 브라질 계좌에 잘 이체되었다는 것을 확인하는 데도 거의 일주일이 걸렸다. 적지 않은 돈이 공중에서 날아가버리는 것은 아닌가 며칠을 걱정했던 기억이 난다. 그래도 브라질의 주앙이 재촉하기보다는 우리를 위로하면서 적극적으로 도와주어서 송금 문제도 잘 해결할 수 있었다. 이처럼 생두 거래에서 좋은 파트너를 만나는 것은 정말 중요한 일이다.

우리 생두를 실은 배는 먼 바다를 건너서 부산항에 잘 도착했다. 우리는 처음 수입을 하는 것이기 때문에 '정밀 검사' 대상이었다. 그래도 브라질에서 관련 서류를 잘 준비해주어서 잔류 농약 검출과 해충, 바이러스, 세균과 관련된 검사는 별 어려움 없이 잘 진행되었다.

그런데 마지막에 예상치 못한 어려움이 생겼다. 우리 생두 마대에 '수입식품 표기'와 관련된 사항이 제대로 표기되어 있지 않다는 것이었다. 그래서 부랴부랴 수입식품 표기 내용을 담은 스티커를 한글로 제작해서 부산항에 있는 통관업체로 보냈다. 이걸 수백 개의 마대에 붙이는 일에도 꽤 많은 비용이 들었다. 드디어 통관이 되는가 했는데, 이번에는 이 스티커가 너무 잘 떨어진다는 것 때문에 제동이 걸렸다. 초강력 스티커로 다시 붙여야 하나 고민했는데, 다행히 통관업체에서 박스 테이프로 잘 고정시켜주어서 통관 절차를 넘길 수 있었다. 통관이 될 때까지 부산에 머물러 있었는데 모든 시간이 비용이었다.

SsoH를 대표하는 메인 콩이 만들어지기까지

/

그렇게 예상치 못한 어려움들을 겪고 모든 절차를 마쳤다. 드디어 기다리던 날이 되었다. 12톤 생두를 실은 트럭이 밤새 부산에서 서울로 올라왔다. 차가운 겨울, 새벽 7시도 안된 시각, 하역을 위해 많은 직원이 나와 주었다. 골목까지 들어오기에 생두를 실은 트럭은 정말 컸다. 멀리서도 보였다. 상당히 걱정했는데 다행히 이른 시간이라 큰 문제는 없었다. 사실 큰 창고와 지게차만 있으면 한 시간도 안 걸릴 일이었을 텐데, 우리한테 12톤 생두를 보관할 만큼 넓은 창고는 없었다. 그래서 2층으로 생두를 올리기로 했다. 그나마 사다리차가 있어서 계단으로 들고 나르지 않아 다행이었지만, 지게차 대신 많은 일손이 필요했다. 트럭에 실린 생두를 사다리차에 싣는 일손, 2층에서 받아주는 일손, 2층 내에서도 카트를 끄는 일손, 구석에 차곡차곡 다시 쌓는 일손도 필요했

다. 쉴 틈 없이 진행된 하역 작업은 밤 10시까지도 이어졌다. 2층 공간이 다 차니 이번에는 3층 공간 구석구석에도 생두를 쌓았다.

그렇게 30킬로그램짜리 마대 400개를 다 옮기고 나니 굽은 허리를 펴는 것조차 너무 힘들 지경이었다. 나와 직원 모두들 세 시간 작업에 녹초가 되었지만, 우리가 직접 수입한 커피 생두가 가득 차 있는 것을 보니 고생스러움이 잠시 가셨다. 남녀 가리지 않고 함께 손을 보태 우리 살림을 곳간에 채웠던 그날을 생각하면 아직도 직원들에게 고맙다.

브라질에서 느꼈던 이색적인 향미를 직원들과 함께 나누는 것으로 보답해야겠다는 생각에 더욱 빨리 콩을 볶고 싶어졌다. 이 콩으로 로스팅할 때는 온 정성을 다해 제맛 내는 데 최선을 다해야겠다는 생각을 했다. 과정이 순탄치는 않았지만, 여러 사람의 수고로 무사히 무역점까지 와서 나를 두근거리게 했던 브라질 플라날토 농장의 스페셜티 커피는 5년 전 만남 그대로 아직까지도 SsoH의 메인 콩으로 굳건히 자리를 지키고 있다.

다섯 번째 매장의 이름은 SsoH가 처음 무역을 시작한 곳이라 하여 '무역점'이라고 지었다. 그런데 많은 이들이 '무역점'이라는 이름만 듣고 우리가 강남 삼성역에 위치한 '무역센터'에 지점을 둔 것으로 오해하기도 했다. 한번은 단골손님이 무역점 오픈을 했다는 소식을 듣고 오셔서 삼성역 무역센터 어디쯤에 있느냐 물으셔서 박장대소한 적이 있다. 많은 손님들이 그런 오해를 했지만, 신길동 무역점은 각 지점의 기능을 담아 이름을 짓는 SsoH의 특성과 '무역'이라는 일반명사를 사용해 지어진 이름이다. 오늘까지도 무역점은 그 기능을 다하고 있다.

05

새로운 커피 트렌드 '커피방앗간'

일본 여행을 다니다가 우연히 시장에서 마주쳤던 가게가 생각났다. 그곳에는 볶아놓은 커피가 아닌, 볶기 전의 생두가 전시되어 있었다. 생두의 원산지와 품질에 따라 서로 다른 설명과 가격이 붙어 있었고, 고객이 그중에서 마음에 드는 생두를 소량으로 선택하여 구매하면 그 자리에서 바로 로스팅을 해주는 시스템이었다.

나는 생두를 볶아주는 커피방앗간과 같은 기능을 가진 그 가게가 정말 마음에 들었다. SsoH가 고객들에게 '주어진 커피를 소비하는 문화'에서 더 나아가 '고객 스스로 직접 커피를 제작하는 문화'로 발전하는 계기를 만들어주면 좋겠다는 생각을 했었다. 그래서 몇 차례 일본에 갈 때마다 그 가게를 일부러 찾았는데, 10분 만에 끝나는 즉석 로스팅을 기다리는 사람들이 제법 많았다. 일본의 커피문화가 한국보다 확실히

▲ 일본의 커피방앗간

앞서 있다는 방증이기도 했다.

커피를 소비하는 문화에서 커피를 제작하는 문화로
/

한국에서, 그것도 SsoH에서 직접 그 문화를 실현해보고 싶었다. 사실 한국에도 집에서 직접 프라이팬 등을 활용해 생두를 자신의 입맛에 맞게 직접 로스팅하는 사람들이 많이 있다. 하지만 우리가 위치한 동네가 큰길이나 관광지가 아닌 이상, 그렇게 시대를 한발 앞서가는 카페가 잘

▲ 일본의 커피방앗간

될까 하는 의문이 커서 선뜻 행동으로 앞서기에 나 스스로 설득이 안 됐다.

하지만 지금까지 SsoH가 기존의 커피문화를 따라왔다면 이번에는 새로운 커피문화를 선도하고 싶었다. 그래서 과감하게 무역점 1층의 공간에 커피방앗간을 세워보는 도전을 해보기로 했다. 또한 SsoH의 네 번째 지점인 물류점의 물품 전시 공간이 매장과 겹쳐서 고객들이 충분히 커피용품을 경험하며 구매하기 어려운 상황도 있었기 때문에 물류점의 물류창고와 용품을 옮겨서 함께 전시하고 고객들이 드립커피 체험과 로스팅 체험까지 할 수 있는 공간으로 꾸몄다.

기본적으로 커피방앗간은 돈을 벌 수 있는 공간이 아닌, 고객 체험의 공간이 되는 데 더 많은 비중을 두게 될 것이기 때문에 인테리어 비용은 최소화했다. 그래도 기본만 갖춘 로스팅을 위한 환경을 조성하는 일에도 적지 않은 돈이 들었다. 나와 남편이 발품을 팔며 직접 할 수 있는 일에는 비용을 아꼈다. 그리고 평소에 접하고 싶었던 다양한 생두를 이번 기회에 대거 구매해서 가격을 정하고 생두의 특징을 정리한 안내판을 작성했다. 돈보다 시간이 많이 드는 정성스러운 작업이었다.

고생한 덕에 내가 원하던 '커피방앗간'을 오픈할 수 있었다. 하지만 처음 생각대로 우리나라 사람들에게 커피방앗간이란 공간은 생소한 개념이었다. 심지어 '방앗간'이라는 간판만 보고 떡을 빻으러 오는 할머니들도 가끔 있을 정도였다. 그래도 일단 남편이 자리를 지키면서 찾아오는 손님들을 응대하고, 하루에 2~3회 판매되는 생두를 소형 로스터기로 로스팅해서 판매했다. 많지는 않았지만 방문 고객층은 다양했다. 기존에도 생두를 직접 구매해서 집에서 직접 로스팅해서 마셨던 커피마니아부터 생두와 원두의 차이조차 모르는 초보자까지 다양한 이들이 방문해 관심을 보였다.

"생두를 사서 가끔 집에서 볶아먹곤 했는데, 이제 여기서 보고 사면 되겠네요."

"처음 보는 종류가 많네요. 프리미엄이랑 스페셜티 커피 차이는 뭐예요?"

"그동안 시내까지 나가서 원두를 샀는데, 케냐랑 맛이 비슷한 게 있나요?"

"어머! 게이샤도 있네요. 콩이 이렇게 생겼구나~"

"콩 색깔이 어쩜 이렇게 다르지요? 어떤 건 푸릇하고, 어떤 건 빨갛게 보이기도 하고 차이가 뭔가요?"

"그냥 와봤어요. 뭐 파는 데인가 해서요. 이게 커피 날콩이에요? 이걸 사면 어

떻게 해먹어요?"

"저는 너무 기름 많이 나오는 거 싫어요. 적당히 진하게 볶아주세요."

"점심 먹고 오는 동안 볶아주세요. 이따 가지러 올게요."

커피문화를 이끌어가는 새로운 도전들

/

다양한 고객층의 눈높이로 생두의 특징을 설명하고, 고객이 원하는 맛을 추천하는 것도 굉장한 지식과 정성이 필요한 일이었다. '생두판매' 자체가 낯선 문화였기에 고객들은 궁금한 것이 많았고, 내리는 방법과 추출 기구에 대한 관심도 보였다. 설명할 내용도 많았으니 방문 고객을 응대하는 시간만 온종일 걸렸다. 많지는 않았어도 그렇게 하루하루 단골도 조금씩 늘고, 최소한 이곳이 어떤 곳인지를 아는 손님들이 점점 늘어나는 변화를 보는 것 자체가 감사했다. 하지만 다른 지점들에 인력이 부족해지면서, 음료 판매 매출이 높은 매장근무 우선 배치 기준에 따라 남편은 매장 인력으로 투입되어야 했다. 그 탓에 꾸준히 커피방앗간 자리를 지킬 수 없게 되었고, 결국 문 닫는 날이 많았다. 커피에 대해 박식하고 로스팅을 잘할 수 있는 사람만 근무할 수 있는 환경 탓에 관리가 어려워지면서 지금은 잠정적으로 커피방앗간 문을 닫은 상황이다.

하지만 그 역시 내가 해결해야 하는 과제 중 하나다. 어떻게 보면 현재 상황에 맞게 음료로서의 커피만 파는 것이 속도 편하고 가장 경제적일 것이다. 하지만 언제나 박종만 관장님께 커피를 배웠을 때의 첫 마음을 잊지 않는다. SsoH가 커피를 파는 곳이 아니라 커피문화를 이끌어가는 곳이 되기를 바라고 있다. 돈이 되지 않더라도, 너무 앞서가는 일일지라도 그것이 내가 생각하는 이상적인 커피문화에 맞는 것이라면 나는 계속 도전할 것이다. 베이커리가 그랬고, 커피학원이 그랬고, 커피방앗간이 그랬다.

지금으로서는 1년 넘게 굳게 닫힌 커피방앗간을 언제 다시 열게 될지 모르겠다. 직원들이 금방 충원되어서 곧 재개할 줄 알았는데, 오래 함께할 사람을 찾고 공들이는 일이 여간 쉽지 않다. 나의 새로운 꿈인 아프리카로 떠나기 전에 다시 시작할 수 있을까? 내 숙제를 직원들에게 전가하고 싶지는 않다. 그저 우리 중 누군가, 할 수 있는 역량이 나서주고 운영의 즐거움을 느낄 수 있는 상황이 되기를 간절히 바래본다. 아직은 시기상조였던 한국, 서울, 신길동 커피방앗간이 이대로 사라져도 내 도전은 무모하지 않았다. 나는 여전히 일본의 구루메 시장처럼 날콩을 가지고 자기가 원하는 정도로 콩을 볶아 커피를 마시는 문화가 곳곳에서 일어나기를 꿈꾸고 있다.

06

관인 팩토리쏘
커피학원

직원들을 교육시키고자 만든 SsoH의 세 번째 지점인 '교육점'은 일반인들을 대상으로 한 프로그램의 인기가 많아져 더 많은 인원을 수용할 수 있는 자리로 옮겨야 했다. 더구나 교육점은 매장 손님이 점점 많아져 교육의 기능을 제대로 수행하기가 어려웠다. 때마침 계약하게 된 신길동 무역점의 '3층'이 학원을 하기에 안성맞춤인 곳이었다.

처음 SsoH를 세울 때부터 커피학원을 생각했던 것은 아니지만, '교육점'을 기반으로 일반인들에게 커피를 교육시키면서 점점 욕심이 생겼다. 취미생활을 넘어서 전문 바리스타를 양성하고 싶은 마음이 커진 것이다. 일반인에게 창업문의도 많았고, 경력단절 여성들의 아르바이트 문의도 많았다. 커피를 매개로 무언가 하고 싶어 하는 사람들에게 기술적인 도움을 주고 싶었다.

나는 돈을 받고 하는 창업 컨설팅을 해준 적이 없다. 누군가 창업에 대해 문의해오면 항상 답은 같았다. 먼저 커피교육부터 받으라고 했다. 그렇게 용기내어 수업을 듣는 사람들에게는 커피교육 중에 틈틈이 더욱 현실적인 창업 컨설팅을 해줬다. 커피를 추출하면서 바쁘게 몸을 움직이다 보면, 이전엔 무턱대고 예산부터 궁금해하며 질문하던 예비 창업자들도 현실감이 생겨 창업은 좀 더 먼 이야기로 미루곤 했다.

일단 커피를 배우는 것은 이런 예비 카페창업자들에게도, 진로를 바꾸려는 사람들에게도, 그냥 취미로 해보려는 사람들에게도 첫걸음 떼기 좋은 수단이 된다. 그래서 커피교육이 공신력을 갖게 되면 사람들이 첫걸음 떼는 일이 좀 더 수월해지지 않을까 생각했다. 교육청에 정식으로 등록한 커피학원에서 일반인을 대상으로 하는 수업을 하면 일반인들이 커피를 배우려는 자세가 더욱 진지해지고, 기관에 대한 신뢰도 가질 것이라고 기대했다.

더욱이 가르치는 나와 강사들에게도 프라이드를 줄 수 있어서 보다 전문적인 체계와 깊은 책임감을 가지고 강의할 것이라고 생각했다. 그동안은 대방동 작은 매장에서 커튼을 치고 조그맣게 취미반 중심으로 일반인 커피교육을 해왔다면, 이제는 규모가 있는 공간에서 짜임새 있게 정규반을 해내가고 싶은 마음이 컸다. 빠른 걸음으로 커피를 만나려는 사람과 한걸음 한걸음 천천히 즐기는 사람들을 구분해서 듣는 대상들을 달리 해 눈높이 교육을 하는 것이 학원 설립을 결정한 큰 이유이기도 했다.

알아보니 교육청 학원 설립을 위한 조건은 까다롭지 않았다. 우리가

▲ 팩토리쏘 커피학원의 모델이 된 일본 UCC 회사의 커피 교육장

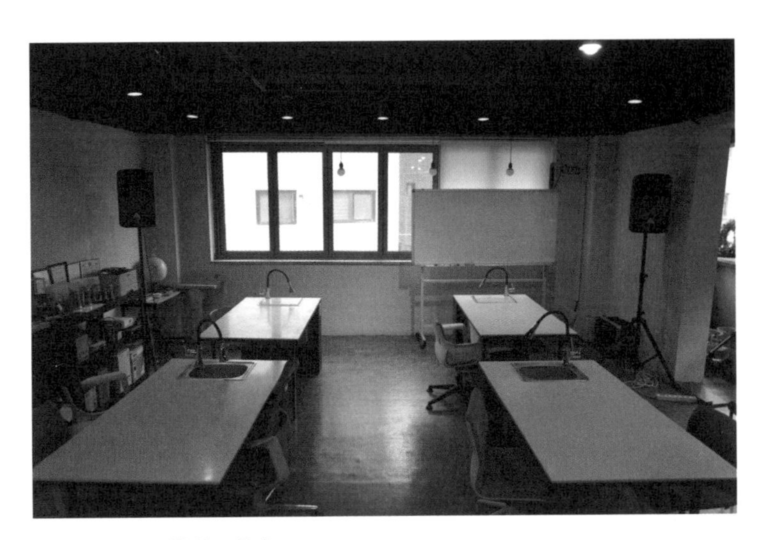

▲ 팩토리쏘 커피학원 교육장

지금껏 해온 방식으로도 학원 개설은 가능했다. 교육시간과 교육비, 교육 가능 인원만 교육청 기준대로 일부 조정해서, 삼삼오오 사람을 모아놓고 가르치는 동호회 수준을 넘어선 제대로 된 '관인 팩토리쏘 커피학원'을 개설했다.

2017년 5월, 3층 기존 사무실 공간을 학원에 맞게 뜯어 고치기 위해서 대대적인 공사를 시작했다. 학원을 만들기 위한 인테리어에도 적지 않은 시간과 정성이 필요했다. 사실 학원 인테리어가 그렇게 예쁠 필요는 없기 때문에 그냥 대충 편하게 공사하고자 했다면 비용과 노력을 아낄 수 있었을 것이다. 하지만 일본 여행을 통해 견학했던 UCC 회사의 커피 교육장을 보고 온 나는, 팩토리쏘 학원 교육장도 그런 식으로 만들어 커피교육에 최적화시키고 싶었다. 학원교육을 통해서 강사 인건비를 넘기는 수익을 올릴 수 있을 것이라는 기대는 애초에 하지 않았지만, 그럼에도 우리 SsoH 교육생들에게는 가장 최상의 교육환경을 지원하고 싶었다.

커피의 정석을 가르치다

학원이 되어서도 쉬운 주제는 쉽게 전했고, 내가 경험하고 직접 다녀온 커피산지에 대한 이야기는 어디서도 듣지 못하는 현지의 이야기이므로 모든 수업 때마다 들려주고 사진을 보여주었다. 다른 학원에서 듣지 못하는 차별적인 교육 내용이었기에 필요한 내용이라고 생각했다. 취미반과 정규반 모두 농부의 수고로 만들어진 커피를 기억하고 그 맛을 지키는 것에 충실해야 하는 것이 커피의 기본이자 정석임을 알렸다.

정규반 수업은 바리스타 기술에 해당하는 전문성에 더 포커스를 맞췄다. 이것은 주변 일반 커피학원이 가진 한계에 대한 도전이기도 했다. '커피'만 전문으로 하는 커피전문학원이 우리나라에 있기나 할까? 요리학원, 조리학원에서 디저트류를 추가로 끼워넣듯 커피를 가르치는 바리스타 학원이 많다. 요즘엔 쿠키를 뛰어넘어 샌드위치, 샐러드 같은 브런치 메뉴를 가르치는 학원도 많다. 물론 나도 창업 시 필요한 메뉴들이라고 생각하지만 커피만이라도 우선 완벽히 소화한 후에 다른 메뉴에 도전하는 것이 옳다고 여겼다.

기존 커피학원의 한계에 도전하다

/

커피만 배워도 부족한 시간인데, 요리학원에서 듣는 커피 수업이 전문적일 수 있을까? 게다가 이런 학원은 온갖 다양한 수업이 한꺼번에 개설되어 시간대만 바꿔서 한 강의실 안에 이론수업이 진행되고, 제빵기계와 조리기계, 커피머신이 한 공간에 있는 경우가 태반이다. 실제로 창업하면 요리학원에서처럼 주방 구조를 가지면 안 된다. 바리스타의 동선은 가스불을 쓰는 조리 작업대에 걸쳐 있지 않다. 제빙기도 그렇게 멀리 있지 않다. 요리학원 교육장은 요리 수업에 필요한 온갖 기계와 기구들이 한 공간에 담겨 있으므로 동선이 넓고 어수선해 군더더기 없는 포지션 교육을 기대하기는 어렵다.

게다가 더 가관은 머신 두 대로 스무 명이 수업을 받는 방식이다. 머신 한 대당 네 명 수업도 빠듯한데, 많게는 스무 명이 붙으니 그런 데서 베이직한 교육을 받고는 전문 바리스타라고 이름이 붙여지는 게 나는 탐탁지 않았다. 교육시설과 강의 깊이가 다른 커피전문학원이 절대적으로 필요하다고 생각했다.

그리하여 나는 팩토리쏘 학원을 커피만 제조하는 깨끗한 환경으로 만들고, 현장 중심으로 성장한 강사진을 세워 이론과 실기를 균형 있게 배울 수 있게 했다. 우리의 정규반 수업을 다 마친 사람들이라면 어느 정도 기술력이 생겼을 것이라고 판단해, 우등생에게는 SsoH 매장에서 3개월 아르바이트를 해볼 수 있는 기회도 제공했다.

이들 중 창업한 사람도 있고, SsoH에 입사한 사람도 있다. 모든 수업을 성실히 잘 따라와 눈에 띄던 한 친구가 있었는데, 그녀가 어느 날 SsoH에 입사하고 싶다고 말해왔다. 내가 뿌린 씨앗이 어딘가에서는 열매가 될 수 있다는 생각을 하며 가르쳤는데, 나도 그 열매를 맛 본 셈이다. 그런 경우를 접하니 학원 수업을 통해 좋은 인재를 영입할 수도 있겠구나 하는 생각이 들어 학원생들에게 더욱 공들이게 되었다.

사실 나는 조금 더 큰 꿈이 있다. 지금 여기서 이렇게 카페를 운영하고, 학원을 꾸리는 방식으로 아프리카에서도 커피교육을 해보고 싶다. 잘 모르고 해보지 않아서 더 나은 무언가를 누리지 못하는 아프리카에서 내가 가진 작은 커피기술을 가져가 직접 가르치고 싶다. 농부이며,

바리스타이기도, 로스터이기도 할 수 있는 현지 기술자를 양성하고 싶다. 그들이 주체적이고 전문적으로 살면서 가족뿐 아니라 이웃의 삶도 책임질 수 있는 삶을 살아내게 하는 데 도움을 주고 싶다.

수업 때마다 2020년 6월에는 아프리카로 떠날 거라고 수강생들 앞에서 매번 다짐을 했다. 내 수업을 기억하는 사람들은 내가 어떤 무게로 그런 말을 했는지 기억할 것이다. 비록 예상치 못한 코로나19 바이러스 사태로 2020년 나는 아직 한국에 머물러 있지만, 머지않은 해에 다시 바닥부터 시작하기 위해 떠날 것이다. 커피학원이든, 커피학교든, 아니 내가 처음 커피교육을 시작한 12평짜리 가게의 작은 뒷방 같은 공간일지라도 아프리카 아이들의 자립을 위해, 그리고 그들이 전보다 나은 삶을 살 수 있도록 커피기술을 가르치는 도전을 하고 싶다.

07

수준 높은 커피전문학원을 만들기까지

교육을 진행하다 보니, 감사하게도 더 많은 일반인들이 교육문의를 해왔다. 그중에는 정부 국비지원을 받을 수 있는지의 여부를 물어보는 사람들이 많았는데, 나도 이왕 하는 교육이라면 국비지원을 받아서 좀 더 적극적으로 교육기능을 강화해보면 좋겠다는 생각을 했다.

어쩌면 귀찮은 업무가 이전보다 더 많이 늘어날지도 모른다. 학원장과 강사가 받아야 하는 교육도 늘어날 테고, 시기마다 교육청에 보고해야 하는 내용들도 늘어날 것이다. 하지만 국비로 커피수업을 들을 수 있는 커피학원이 된다면 더 많은 사람들에게 '수많은 농부들의 수고와 땀을 기억하고, 한 톨의 커피콩도 제맛을 내겠다'는 SsoH의 철학이 담긴 커피를 알릴 수 있으니 열정을 쏟아 붓고 싶었다.

학원을 정식으로 설립하고, 우리는 국비지원을 받기 위한 인증 절차에 들어갔다. 하지만 국비지원 프로그램에 맞는 요건을 갖추는 건 정말 쉽지 않은 일이었다. 가장 큰 문제는 국비지원 직업 교육 훈련 자체가 SsoH가 가진 환경이나 가치관과 맞지 않다는 것이었다. 국비지원 직업 교육 훈련은 산업화 시대에 대규모 인력의 전문적인 기술 양성을 위해서 만들어진 제도였기에 우리처럼 소수 인원에게 집중해서 실습 위주로 훈련하는 학원이 지원하기에는 어려운 점들이 많았다.

교육청에서 제시한 학원 설립 기준은 대부분 월 단위로 매주 많은 시간 교육을 하는 것에 맞춰져 있었기 때문에, 우리와 같이 주 단위로 수업을 하고 학원생 수는 적지만 실습 위주로 하는 교육과는 맞지 않았다. 다행히 교육청 관계자들이 그런 부분에 대해서는 어느 정도 이해를 해주어서 우리 상황과 교육청 기준을 적당히 조정할 수 있었지만, 산업인력공단의 국비지원 직업 교육 훈련은 더 까다롭고 훨씬 구시대적이었다. 그래도 우리는 가능한 자원을 동원해서 심사를 받았고 다행히 기관 인증을 통과했다. 그 결과가 발표되던 때에 남편과 함께 저녁을 주문하고 기다리고 있었는데, 마침 남편 휴대폰으로 합격 발표가 전송이 되어 창피한 줄도 모르고 신나서 같이 만세 부르며 무척 기뻐했던 기억이 생생하다. 하지만 그 뒤로 교육 훈련 코스에 대한 인증은 번번이 간발의 차이로 떨어져서 아직은 국비지원 교육을 못 하고 있다.

국비지원 코스의 난관

/

분석해보니 우리의 가장 큰 문제는 강의시간과 강사인력이었다. 국비지원 코스는 무조건 강의시간이 길어야 했다. 그러나 커피교육을 학교 수업처럼 오래 하라는 것은 비현실적이다. 주5일 하루 대여섯 시간씩 국어, 영어, 수학으로 나누어 수업하듯 커피이론, 핸드드립, 바리스타, 로스팅을 각 챕터별로 구분해서 프로그램을 짜면 바리스타 학교처럼 장시간의 수업이 채워질지도 모르겠다. 그런데 커피 전문인력을 교육하는 데 단순 지식 전수 위주의 긴 커피수업은 필요가 없다. 한마디로 비현실적이었다.

또 중요한 문제는 비용이었다. 산업인력공단 기준에 따라 프로그램을 짜고 교습료를 정하면 수업료가 매월 150만 원 가량 나온다. 사실 학원 입장에서는 교육생이 최소 6명은 등록해야 분야별 강사들 월급을 줄 수 있다. 하지만 그 인원으로도 실습 위주 교육 특성상 비싼 재료비는 건질 수도 없고, 임대료나 겨우 낼 수 있다. 국비지원을 받고자 하는 우리에게 더 어려웠던 것은 국비지원 인증을 받기 위해서는 이미 국비지원 인증 코스와 유사한 코스를 비국비지원으로 시행하고 있어야 했다는 것이다. 그런데 매월 150만 원의 교육비를 국비지원 없이 순수하게 들을 수 있는 교육생을 찾기는 매우 어려웠다. 그런 기나긴 코스의 교육생을 찾기 위해서는 먼저 국비지원 인증이 확정되어야 진행이 가능한 일이나, 반대로 인증 통과는 이런 것들이 진행되지 않으면 할 수 없으니 닭이 먼저냐 달걀이 먼저냐의 딜레마에 빠졌다.

▲ 팩토리쏘 커피학원

설령 국비지원을 받는 학원이 된다고 해도, 커피는 실습과 병행되어야 하는 '기술' 교육이라 20~30명을 앉혀놓고 수업하는 게 불가능하다는 것도 문제다. 강사가 1:1로 봐주고 확인해야 하는 상황이 대부분인데, 교육생이 그렇게 많으면 교육 자체가 사실 불가능하다. 다른 대규모 요리 전문학원에서 바리스타 국비지원 코스 운영이 가능한 건 규모 때문이다. 단순히 공간의 규모를 말하는 게 아니라 같이 엮을 프로그램의 규모 때문이다. 그런 곳에서는 일식, 중식, 한식 요리와 디저트, 제과제빵, 바리스타를 한데 묶어서 설비를 한 공간에 같이 묶고, 국비지원 수업을 진행한다. 한 강의실에서 시간대별로 한식, 바리스타, 제과제빵 이론수업이 이뤄지니 강의실이 쉴 틈이 없고 임대료 문제가 해결된다.

▲ 커핑대회 출전 중인 SsoH 직원

하지만 그렇게 시행하는 바리스타 코스들은 대부분 수십에서 수백 명을 한 강의실에 몰아넣고 몇 대 되지도 않는 에스프레소 머신으로 돌아가면서 실습을 할 수 밖에 없다. 그렇게 '돌아가면서' 실습해야 그 기나긴 수업시간을 채울 수가 있고, 인원을 그렇게 '많이' 몰아넣어야 운영비를 뽑을 수 있기 때문이다.

나는 커피만 전문으로 가르치고 배우는 학원을 만들고 싶었다. 다른 일반 요리학원들이 가지고 있지 않은 바리스타의 현장 경험과 실무를 위주로 수업하고, 교육이 없는 시간에는 교육생들의 실습장소로 쓰일 수 있도록 프로그램을 짜서 나의 10년 경력이 오롯이 담긴 커피 교육 프로그램을 만들고 싶었다. 그러나 현실은 산업인력공단에서 짜준 틀에 SsoH를 맞춰야 하는 상황이었다.

화려한 경력보다 중요한 것

/

산업인력공단에서 제시한 커피강사의 자격과 이력 부분도 아쉬웠다. SsoH 직원들은 현장 경험이 누구보다 뛰어난 인재들이었지만, 강사 경력 점수에 가점을 받을 수 있는 부분은 거의 없었기 때문에 실사 점수를 잘 받지 못했다. 강사 경력 점수를 잘 받기 위해서는 바리스타로서의 우수한 경력보다는 가방끈이 길거나 교육강사로서 특화된 부분 위주의 경력을 쌓은 이를 고용해야 했다. 그러나 이 국비인증 절차가 통과될지 안 될지도 모르는데, 이를 위해 굳이 외부강사를 끌어와 대기시키고 불필요하게 월급을 줄 수는 없었다. 나는 단호해졌다. 자격증을 신뢰하지 않는 내가 자격증을 갖춘 강사를 원한다는 것 또한 모순이었기에, 좀 더 그 비용으로 우리 직원들의 수준을 높이는 데 집중하기로 했다.

그즈음, 우리 회사에 오랜 시간 함께 해온 한 직원이 국내 협회가 아닌 전 세계적인 바리스타 협회에서 하는 'SCA Specialty Coffee Association', 'SCE Specialty Coffee Education' 교육에 관심을 가지고 있었다. 미국 스페셜티 커피협회와 유럽 스페셜티 커피협회에서 주는 '큐그레이더'라는 공신력 있는 자격을 갖기 위해 자신의 휴무에도 쉬지 않고 여섯 시간씩 수업을 들었다. 큐그레이더는 총 22개의 관능검사 테스트를 모두 통과한 사람에게 주어지는 자격이다. 산지에 따라 커피를 구분하고, SCAA 커핑양식을 기반으로 항상 일정하게 품질별로 등급을 매길 수 있는 사람에게 자격이 주어지는데, 뛰어난 미각과 후각을 가진 그 직원은 단번

▲ 커피수업을 받고 있는 고등학생과 일반인

에 모든 테스트를 통과했다. 그렇게 커피 향미를 평가하는 커피감별사가 되어 SsoH의 자랑이 되었다. 지금은 나보다 더 뛰어난 기술로 팩토리쏘 커피학원 원장을 겸임하고 있다. 그 직원이 전 세계에서 인정하는 큐그레이더 자격을 2019년에 취득했으니 팩토리쏘 커피학원은 점점 단단해졌다. 외부에서 보이기만 화려한 강사 경력을 갖는 사람보다, 우리 스스로가 자랑스러워 할 만한 전문인력을 키우는 길을 선택한 내

용기가 헛되지 않았던 것이다.

하지만 결론적으로 3년이 지났어도 산업인력관리공단에서 추진하는 국비지원 시스템 자체는 우리가 추구하는 교육 목표와는 너무 동떨어져 있어 여전히 국비지원은 받지 못하고 있다. 일단은 우리가 원하는 교육을 하는 것으로 진행하고 있는데, 언젠가 여력이 되면 다시 국비에 지원해서 더 많은 사람이 더 전문적인 바리스타로 성장하는 데 비용의 부담을 덜 수 있기를 바라고 있다. 부디 그런 날이 하루 빨리 오기를 바란다.

바리스타도 잘 모르는 커피 이야기

커피 맛은 산지마다 조금씩 차이가 난다. 싹을 틔우고 1년 6개월 정도 지나면 꽃이 핀다. 보통 묘목을 심을 때 한 줄로 길게 좌우 간격을 유지해서 심고, 몇 헥타르ha에, 몇 그루를, 몇 미터 간격으로, 언제 심었는지를 표시한 표지판을 세운다. 사이사이로 햇볕이 닿고, 바람이 통하도록 처음부터 나무간 간격을 지켜주는 것이다.

From Seed To Cup

커피나무는 10미터 이상까지도 자라지만 기계 경작의 편리함을 위해서 2미터 이하로 나무를 잘라낸다. 이렇게 간격과 높이를 지키는 이유는 기계 수확의 효율성을 위해서이기도 하지만, 해와 바람을 균형 있게 만난 커피나무더라도 높이별로 달라지는 일조량에 따라 익는 시기가 달라지므로 몇 차례 수확철을 나누어 익은 것부터 잘 수확하기 위해서이기도 하다. 그렇게 때가 되서 꽃이 피고 지면 그 자리에 열매가 맺힌다. 녹색이던 열매는 익으면서 빨갛게 변한다. 더 익으면 점차 검은빛이 돌기도 한다. 우리가 익히 아는 체리라는 과일과 사뭇 비슷한 색이다. 실제 커피열매의 명칭도 커피체리다.
수확철이 되어 잘 익은 체리만 골라 사람이 직접 수확하는 것을 핸드픽킹이라고 부른다. 핸드픽킹은 품질 좋은 커피를 만드는 요소이기도 하지만, 요즘에는 기계가 잘 다닐 수 없는 경사지에서만 주로 행해진다. 대체로 평지에 심겨진 커피나무는 수확 기계가 나무 사이를 다니면서 탈탈탈 나무를 건드리면서 수확을 한다. 한 차례 수확한 체리는 인근 가공 처리실로 옮겨져 세척, 건조, 탈곡, 포장된다. 요즘엔 모든 시설이 자동화되어 있다. 이때도 체리를 물에 씻기도 하고 햇볕에 그냥 널어 말리기도 하는데, 이런 건조방식에 따라 같은 산지의 커피더라도 맛이 상당히 다르다.

말리다가 비가 오면 대략 난감하다. 그래서 건조기를 많이 쓰는데, 수분이 11~13퍼센트 남을 때까지 건조시키는 게 일반적인 방법이다. 건조기 성능에 따라 10시간 걸리기도 하고, 48시간이 걸리기도 한다. 건조시키는 이유는 유통할 때 상하거나 곪지 않게 하기 위해서다. 또 이 정도 수분을 남겨 두는 이유는 그래야 커피 향미가 살아나기 때문이다. 이때 늙은 커피나무를 땔감으로 쓰기도 한다. 커피는 죽어서도 그냥 버려지는 게 없는 모양이다.

바리스타의 '전문성'은 '기본'에서 비롯된다

어쩌다 보니 나는 바리스타이면서 콩 볶는 로스터가 되었지만, 커피의 속은 들여다볼수록 여전히 잘 모르겠다. 겸손해서가 아니다. 6~8세기부터 시작된 커피역사는 지금까지 누적된 양도 엄청난데, 변화하는 속도도 가늠하기 어려울 정도로 빠르다. 그만큼 커피공부는 스스로 하지 않으면 도태된다. 나는 내가 가르치는 교육생들이 진심으로 이러한 변화들에 잘 적응하되, 가장 기본적이고 정통한 것을 먼저 깊이 배우고 이해하기를 바란다. 사실 나는 지금도 커머셜 커피, 프리미엄 커피도 잘 모르면서 스페셜티 커피와 마이크로랏 커피에서 향미를 찾는 젊은 친구들이 조심스럽다. '가나다라'를 알아야 가지, 나무, 다리를 쓸 수 있는데 말이다.

나는 바리스타의 '전문성'은 '기본'에서 비롯된다는 것을 지금도 교육생들과 깊이 공감하며 공유하고 싶다.

NON COFFEE
EXTRA

SsoH 카페는 100년 카페를 꿈꿉니다

그렇게 SsoH의 시즌 2가 시작되었다.
기존의 지점들이 어떠한 '필요'에 의해서
하나씩 생겼다면, 이제는 SsoH를 사랑하는
고객들의 요청에 반응하며 자체 브랜드를
키우는 노력을 시작했다.

01

브랜드를 키우기 위해 필요한 것들

본점과 공장점에서 시작해서 교육점, 물류점, 무역점까지 5개 지점으로 늘리는 과정은 매우 빨랐다. 또 매번 지점을 늘릴 때마다 예상을 초월하는 매출과 고객으로 인해서 행복한 고민을 해야 하는 때도 있었다. 그러나 여전히 '규모의 경제'를 만들어내기에는 다소 아쉬웠다. 그리고 직원들을 관리자로 성장시키고, 그에 맞는 책임과 권한, 보수를 챙겨줘야 한다는 부담도 있었다. 그렇게 SsoH의 시즌2가 시작되었다. 기존의 지점들이 어떠한 '필요'에 의해서 하나씩 생겼다면 이제는 SsoH를 사랑하는 고객들의 요청에 반응하며 자체 브랜드를 키우는 노력을 시작했다.

5개 지점이 어느 정도 잘 돌아가고 주변에 SsoH의 이름이 알려지면서 이런저런 제휴문의와 가맹문의가 정말 많이 들어왔다. 인근 동네사람들 뿐만 아니라 지방에 거주하는 사람들도 어디, 누군가에게 우리를 소개받았다며 연락을 해왔다. 그렇게 빗발치는 문의가 반갑지만은 않았던 이유는 내게 준비된 답이 없어서였다. 물 들어올 때 노 저으라고들 했지만 나는 그렇게 무리하게 가맹사업을 진행하고 싶지는 않았다. 또 생판 모르는 사람과 얽혀 잘되게 이끌어 갈 자신이 없었다. 그래서 내린 결론은 내가 먼저 잘 안 되는 입지에 들어가 매장을 살려내기도 하며 SsoH를 알릴 수 있는 제안이 들어오면 도전해보는 것이었다. 그렇게 시즌 2가 시작되어 이후로 4개 지점을 더 오픈했다.

결론적으로 4개 지점 중 한 곳을 제외하고는 기존 지점에 비해서 성공적이지 못했다. 그 이유로 여러 가지가 있겠지만, 내가 판단하기에 가장 큰 이유는 SsoH의 성장을 같이 따라와줄 직원들이 없었기 때문인 것 같다. 덩치는 커져서 직원은 늘어났지만, 리더십을 가지고 이끌어갈 관리자급의 직원을 키우는 일은 너무 어려웠다.

실패하더라도 변화 속에 답을 끊임없이 만들어라

/

SsoH는 100년 카페를 꿈꾸며 많은 변화들을 겪을 때마다 그에 따른 발 빠른 답을 내고자 노력해왔다. 하지만 그중에 실패도 많았다. 4장에는 100년 카페를 꿈꾸고 SsoH를 확장하며 겪었던 실패담과 성공담, 그리고 앞으로의 SsoH의 꿈을 솔직하게 적어보았다.

실패는 되도록 하지 않는 것이 좋지만, 그 실패가 성공의 밑거름이 된다는 것은 분명하다. 돈 버리고, 사람 버린 실패일지라도 미처 생각하지 못한 틈새로 조용히 돈을 대주고, 내 편이 되어준 사람이 생겼을지도 모른다.

그래도 실패는 하지 말자. 조심하고, 가능하면 피하는 게 좋다. 창업을 앞두고 불확실한 미래에 두려움을 먼저 느끼는 사람들에게 4장에서 펼쳐내는 내 현실적인 이야기가 도움이 되면 좋겠다.

02

좋은 사람이 있는 곳이라면 나쁜 사람도 있다

SsoH를 운영하면서 항상 좋은 사람들만 만났던 것은 아니다. 나쁜 마음을 가진 사람들도 항상 있었다. 주의한다고 했지만 그럼에도 불구하고 나 또한 문제를 피해갈 수 없었는데, 그중에서도 몇 년이 지난 지금까지도 재정적으로나 심적으로 출혈이 아물지 않은 일이 있다. 바로 KBS 본관 내에 위치했던 협업 지점과 관련된 일이었다.

커피학원을 오픈하고 운영하던 어느 날, 부산에 위치한 3D 피규어 전문 제작업체인 컨버전스 테크놀로지라고 하는 곳으로부터 한통의 전화가 왔다. 3D 스캐너를 사용해 고객의 모습을 피규어를 만들어주는 전문업체라고 자신들을 소개하면서, 카페 공간 한 켠에 자신들의 3D 스캐너를 놓고 카페를 운영하고 싶은 점주를 찾고 있으니 학원 수강생 중 창업하고 싶은 사람이 있으면 연결해달라는 것이었다. 회사 측에서 직접 카페를 운영하고 바리스타를 고용하면 되지 않느냐고 했더니, 자신들에겐 그런 노하우가 없다고 했다. 당시 진지하게 창업을 고민했던 수료생이 있어서 연결해주었는데 어떤 이유 때문인지 일이 틀어졌다. 피규어 업체는 우리가 소개해준 분이 너무 깐깐하게 나와 일이 틀어졌다며 우리에게 직접 해보면 어떻겠냐고 제안했다.

'방송국 입점이라고?' 혹한 건 사실이었지만 결론적으로 답변은 'NO'였다. 거절의 이유는 SsoH 브랜드의 가치를 살릴 수 없었기 때문이다. KBS와의 직접 계약자가 피규어 업체이므로 SsoH 브랜드를 드러내는 로고가 있는 홀더와 상품을 사용하면 안 된다고 했다.

나는 큰돈을 버는 게 목적인 장사치가 아니었다. 'SsoH'라는 브랜드를 만든 이상, 그 브랜드를 가꾸고 키우는 책임을 가진 사람이 되어야 했다. 그런 책임감이 있었기에 지금까지 웃돈 주고 매장을 넘기라는 제안들을 거절할 수 있었다. 브랜드 가치를 살리는 일이 아니면 안 하는 게 맞았다. 또 피규어 카페가 입점할 매장은 KBS본관 메인 건물에 위치하지도 않았다. 입주사도 많이 들어오지 않은 누리동이라는 곳에, 심지어 2층이었기 때문에 유입을 이끌어내려면 엄청난 노력이 필요했다. 브랜드 알림과 소개, 홍보가 많이 필요한 일이었기에 그 수고와 노력을 SsoH라는 간판 없이 하고 싶지 않았다.

며칠 후 피규어 업체부터 전화가 왔다. 로고가 들어간 원두와 홀더, 기존 상품은 그대로 사용해도 좋다는 것이었다. 다만, 앞으로 새로 제작하는 포스터는 자신들과 상의해서 만들어달라고 했다. 애초에 협업을 전제했으므로 그 정도는 나도 기본이라고 생각했지만, 이 말이 두고

두고 문제가 되어 '허락'을 구하는 일이 될 줄은 그때는 전혀 몰랐다.

협업에는 두 배의 꼼꼼함이 필요하다

/

부산에 위치한 피규어 업체가 KBS 서울 본관에 입점하게 된 히스토리를 들었다. KBS 관련 부서에 3D 피규어 카페사업 계획서를 낸 것이 받아들여져 KBS 본관 한 켠에 3D 피규어 제작과 카페를 같이 운영하는 공간을 임대받은 것이었다. 빨리 카페를 운영하지 않으면 KBS 쪽에서 공간을 회수한다고 해서 급하게 운영을 해야 했던 것이다. 굉장히 다급하고 초조해 보였다.

협업 조건은 나쁘지 않았다. 카페 운영은 전적으로 우리가 하고, 운영하며 나온 수익금은 모두 우리가 갖는 조건이었다. 물론 운영에 필요한 인원과 물품에 대한 비용도 우리 부담이었다. 그리고 우리는 임대료의 일부인 100만 원을 매월 피규어 업체에 주고, 카드 수수료에서 약 2퍼센트를 추가 정산해 보내주면 되었다. 피규어와 카페는 한 공간에 있지만 말 그대로 분리된 운영 시스템을 갖는 셈이었다. 다만, 우리가 들어오기 전에 입점했던 카페가 나가면서 인테리어를 험하게 해놓고 나간 부분이 있어서 공사하고 여러 집기를 구매해야 하는 명목 등으로 5,000만 원 정도의 추가비용이 든다는 단점은 있었다. 계산기를 두드려 보니, 약속한 2년의 시간 동안 열심히 영업하면 손해 보지는 않을 것 같았다.

희망에 부풀었던 관계가 삐거덕거린 건 오픈 직후부터였다. 피규어 업체는 KBS와 약속한 재오픈일을 지켜야 해서 인테리어 공사할 시간을 5일밖에 주지 않았다. 인테리어 공사는 주말과 야간에도 이뤄졌고 그에 대한 추가 비용은 오롯이 우리 몫이었다. 홍보가 전혀 없었기에 오픈 초기에 매출이 부진했던 것도 더 큰 문제였다. KBS 본관 내부라고 하지만 너무 외진 곳에 있어서 사람들이 카페가 존재한다는 사실 자체를 알 수 없을 것 같았다.

손 놓고 가만 앉아 있을 수 없는 우리는 어떻게든 매출을 올리기 위해 곳곳에 배너를 설치하는 일에 열을 올렸다. 자체 배너를 제작해서 피규어 카페 오픈을 알리고, 커피 메뉴와 가격을 넣은 홍보물을 만들어 1층 입구와 2층 연결 브릿지에 세웠다. 문제는 이때도 이어졌다. 처음에 급할 때는 전적으로 우리에게 카페 운영을 맡길 것처럼 말했던 피규어 업체 대표는 우리 디자이너가 이미 다 만든 디자인을 검수해야 한다며 배너 속 우리 제품에 자신들의 로고를 넣었다. 우리를 협업사가 아닌 하청업체인 것처럼 대했다. 도저히 받아들일 수 없어서 우리는 결국 해당 배너 자체를 사용하지 않고 디자인을 폐기했다. 카페 운영에 독립성을 주겠다고 했던 말은 대체 무엇이었는지, 기억조차 하고 있는지 의문이 들기 시작했다.

피규어 업체 대표는 KBS의 눈치를 봐야 한다며 우리가 만든 배너 개수에도 딴지를 걸었다. KBS 본관 누리동에 입점한 대부분의 업체들은 자신들이 장사해야 하는 곳이 외진 곳이라는 것을 알아서 수십 장의 배너와 현수막을 곳곳에 세웠다. 그만큼의 수량은 아니어도 우리도

1, 2층 두 개의 출입구에 피규어 카페 위치를 알리는 배너 한 장과 카페 메뉴 배너 한 장씩은 세울 필요가 있었다. 하지만 여전히 피규어 업체 대표는 KBS의 눈치를 봐야 한다며 우리가 해나가는 노력을 계속 제압했다. 그렇다고 가만히 손 빨고 있을 수는 없는 일, 피규어 업체 대표 이야기를 무시하고 곳곳에 배너를 설치했다. 그리고 그것은 손님들을 이끄는 데 큰 효과가 있었다.

카페를 운영해보면 알겠지만 배너는 정말 중요한 문제다. 배너 하나로 매출이 오를 수도 정체할 수도 있기 때문이다.

실패는 되도록 하지 않는 것이 좋다

/

어느덧 카페 매출은 놀라울 정도로 점점 올라서 손익분기점을 넘기기 시작했다. 하지만 반대로 피규어 업체의 매출은 몇 개월이 지나도 제자리걸음인 듯 보였다. 피규어 업체도 자기들 배너를 만들어 설치하면 좋을 텐데, 그럴 생각은 전혀 없이 우리가 만드는 배너에 제동만 걸 뿐이었으니 안타깝기 그지없었다. 하지만 시간이 지나면서 더 큰 문제가 발생했다.

SsoH와 피규어 업체 두 명의의 대표가 피규어 업체로 되어 있기 때문에 카드 매출이 피규어 업체의 계좌로 들어갔다. 계약서로 매달 카페 매출금을 계산해서 우리에게 돌려주기로 약속했었다. 그것이 문제였다. 첫 달이 지나고, 둘째 달이 지나가는데도 피규어 업체에서 카페 매출금을 주지 않았다. 두 달 치 대금이 밀렸을 때 참을 수만 없었던 우리는 변호사를 고용해 대금 미지급 소송을 걸겠다고 압박했다. 하지만 피규어 업체 대표는 배 째라는 식으로 나왔다. 결국 우리가 매장을 철수하겠다고 하니까 KBS가 우리와의 갈등 상황을 눈치 채는 것에 대한 부담을 느꼈는지 그제야 부랴부랴 대금을 지불했다.

그 후 몇 달은 대금을 성실히 지불해서 조금 마음을 놓고 있었다. 그런데 또 한 번 카페 매출금이 입금되지 않았다. 정산 요청 문제로 보름이 지나서까지 피규어 업체 대표와 메일을 주고받는 중이었는데, 느닷없이 KBS 직원에게 연락이 왔다. 매장을 철수해야 한다는 청천벽력 같은 말을 하는 것이다. 피규어 업체 측에서 KBS에 임대료를 몇 달째 밀리고 있었고 재촉했음에도 아무런 반응이 없어서 결국 KBS에서 계약해지 통보를 하고 우리에게도 알린 것이었다. 황당했다. 큰돈도 아니었고 당시 우리는 피규어 업체와 연락을 계속 하고 있는 상황이었기 때문에 우리와 먼저 상의해서 해결해도 되는 문제였다. 지금 생각하니 피규어 업체는 아예 문 닫을 생각을 하고 안하무인 식으로 버텼던 것 같다. 일단 급하게 매출 통장에 가압류를 걸어 확인했더니 우리 카페 매출로 받은 돈은 이미 다른 곳에 사용하거나 개인적으로 빼돌려서 남은 돈이 없었다. 그나마 연락되던 피규어 업체 대표도 더는 연락이 되지 않았다.

KBS에 남은 계약 기간만이라도 우리가 임대료를 내면서 카페를 운영하게 해달라고 사정했다. 그것도 최종단계에서 거부되어 우리는 결국 비용만 날리고 카페를 철수해야 했다. 이후 피규어 업체 대표와의 소송에서 승소하기는 했지만, 해당 업체가 실질적으로는 개인회사였음에도 법적으로는 주식회사 법인으로 되어 있었기 때문에 개인 대표에게 손해 비용을 청구하는 것은 거의 불가능했다. 결국 우리는 수천만 원의 손해를 봤다.

사장은 사람보다 '서류'를 믿어야 한다

/

우리가 했던 가장 큰 실수는 사람을 믿은 것이었다. 물론 사람을 믿지 말고 살자는 것은 아니다. 하지만 사업 관계에서는 사람보다 '서류'를 믿는 것이 맞다. 그리고 서류를 좀 더 꼼꼼히 작성하는 것이 서로의 관계를 해치지 않는 좋은 방법이다. 처음에 조금 불편하더라도 세세한 항목을 확실히 정했어야 했다. 남편은 원래 통신회사에서 기술 규격을 다루는 사람이었기 때문에 그런 항목을 만드는 것에는 익숙했다. 그래서 SsoH에서도 행정과 회계를 맡아서 처리하고 있다.

당시 피규어 업체와 면담하고 계약을 진행하고, 서류를 검토하는 것도 남편과 거래처 관리를 맡아서 하는 사업팀의 몫이었다. 처음에 좋은 마음으로 사람을 믿었고, 급하게 재오픈을 하기 위해서 서두르느라 서류작업 검토를 뒤로 미룬 것이 문제였다. 그리고 법인과 계약할 때에는 법인의 파산을 염두에 두고, 금전적인 문제에 대한 책임을 대표 개인에게도 연대보증 해야 한다는 사실도 우리는 모르고 있었다. 나중에 변호사와 상담할 때에야 그 사실을 알게 되어서 지금도 두고두고 후회스럽다.

장사하고 사업하다 보면 누군가와 계약 관계가 된다. 그런데 아직 우리 사회에서는 그러한 '계약서'를 작성할 때에 '좋은 것이 좋은 것'이라는 식으로 대충 넘어가는 경우가 많다. 그리고 계약서의 항목 하나하나를 꼼꼼하게 점검하려고 하면 "나를 못 믿어서 그런 거냐"라고 하거나, "젊은 사람이 빡빡하네"라는 식으로 불쾌감을 표현하는 경우도 많다. 그래서 계약서를 두루뭉술하게 쓰고 '사람을 믿고' 넘어가는 경우가 적지 않다. 그런데 지금까지 장사하면서 내가 뼈 아프게 경험한 것은 꼭 그런 경우에 문제가 생긴다는 것이다.

실패를 통해 배운다지만 정말 다시는 겪고 싶지 않은 일이었다. 작정하고 친 사기극 같은 상황에 투자금 한 푼도 건지지 못하고 소송비만 들었다. 먹튀인 줄도 모르고 두세 달 수고한 우리 직원의 인건비와 재료비, 매출금까지 챙겨간 컨버전스 테크놀로지 대표는 지금 어떻게 지내고 있을까? 일말의 책임이라도 느끼고 자숙하고 있을까, 아니면 또 다른 법인을 만들어 신기술 사업을 키우고 있을까? 가끔 궁금하다. 성공하면 갚아주려나 .

03

SsoH 시즌 2의 시작, 마을점

SsoH가 지점을 늘려가는 동안 정말 많은 고객이 프랜차이즈 사업 계획을 물어왔다. 하지만 프랜차이즈를 운영할 생각은 지금도 전혀 없다. 돈을 벌 수 있을지는 몰라도 가맹점 관리가 보통 일이 아니라는 걸 익히 들었기 때문이다. 지금도 SsoH 가맹점을 하고 싶다는 연락이 오면 조심스럽게 거절의 뜻을 전한다.

"우리 노하우와 우리가 사용하는 원두, 물품, 레시피는 얼마든지 제공해드릴 수 있어요. 하지만 SsoH 간판은 드릴 수 없습니다. SsoH 커피교육을 먼저 받으신 후 여전히 창업할 용기가 있다면 자체 브랜드를 만드세요. 제가 아는 정보 내에서 얼마든지 돕겠습니다."

그런데도 가맹문의가 너무 많았다. 그뿐 아니라 자신의 건물에 SsoH가 들어왔으면 좋겠다면서 주소를 알려주는 건물주들도 많았다. 그처럼 동네 분들이 가진 SsoH에 대한 신뢰는 나날이 커져갔지만 당시 6개의 직영점 관리만으로도 많이 벅차서 이런저런 문의와 제안에 대해 귀담아 들을 여유가 없었다.

쏟아지는 창업문의

/

몰아닥치는 가맹문의와 창업문의의 대부분은 사업팀에서 거절했지만, 그중 하나가 내 귀에 솔깃 들어왔다. 대방동에 사는 건물주 한 분이 2층짜리 작은 건물을 리모델링 하려고 하는데, SsoH가 통임대 한다면 리모델링을 할 때 우리가 원하는 인테리어로 건물 분위기를 맞춰주겠다는 제안이었다. 건물 전체를 SsoH 인테리어 콘셉트로 만들어주고 우리가 맘껏 쓸 수 있게 해준다는 건 정말 파격적인 제안이었다. 솔깃했으나 초기 임대 조건이 상당히 부담스러웠다.

또 1, 2층 통임대라고 해도 규모가 다소 애매해서 공간 효율성이 떨어졌다. 지리적으로 건물 위치도 애매했다. 마을버스 정류장 앞이긴 했으나 중심이 될 만한 기관이나 회사가 없어서 상권이랄 게 없었다. 동선이 머물지 않고 흐르는 곳 같았다. SsoH에 상당히 호의적인 건물주 배려 덕분에 인테리어 초기 투자비용은 줄일 수 있을지 몰라도 이런 상권에서 매월 지출될 운영비를 마련할 자신이 없었다. 그래서 결국 거절했다. 그런데 워낙 정이 많고 선했던 건물주는 SsoH가 들어온다면 얼마든지 맞춰 주겠다며 꾸준히 임대료를 조율해주었고, 결국 우리가

▲ 공사 전 마을점

▲ 공사 후 마을점

생각했던 마지노선 정도로 조정되어 그 자리에 들어가기로 합의했다.

우리의 입점이 확정된 후 바로 건물 공사가 시작되었다. 마을버스 정류장 바로 앞이라 많은 사람들이 관심을 보였다. 일부 고객들은 건물 전체가 SsoH 색깔임을 알아차리고 인근 매장에서 확인하기도 했다. 집에서 더 가까워졌다며 반가워하는 고객들도 있었다. 어느 고객은 SsoH가 건물을 샀다고 생각하기도 했다. 혹은 가맹점이 생겼다고 오해하는 고객도 있었다. 마을점에 대한 고객의 질문이 인근 매장에 쏟아졌으며, 모두 SsoH에 대한 관심에서 비롯된 것이었기에 일종의 고객 감사 표현으로 마을점과 이어진 오픈 이벤트를 전 지점에서 동시에 해야 겠다는 생각도 들었다.

건물주와의 애매한 포지션

/

6번째 지점인 다방점 이후 새 매장을 오픈할 생각은 없었다. 가맹점 내줄 깜냥은 안 되지만 가맹문의에 못 이겨 절충방안으로 받아들인 7번째 매장이 마을점이다. 마을점은 우리에게 새로운 의미를 부여해 주었다. 우리의 기능이나 의도보다 고객의 필요나 요구를 듣고 직영점을 입점하기로 했으니 SsoH 시즌 2의 시작이었다.

공사가 진행되는 한 달 동안 건물주와 우리의 포지션은 조금 애매했다. 인테리어 업체는 리모델링하면서 발생한 문제를 우리에게 물어왔다. 비용을 내는 사람은 건물주인데 책임은 우리가 지는 것 같은 상황이 난감했다. 또 반대로, 베란다 확장이나 폴딩 턱을 없애는 문제 등 우리 비용을 들여서라도 더 투자하고 싶은 곳도 있었지만 어디까지가 우리 영역의 공사인지, 여기서 얼마만 더 지불하면 되는지 그 구분이 애매해서 말을 꺼내지 못하기도 했다. 모호한 부분은 많았으나 그래도 큰 문제없이 매끄럽게 공사가 진행되다가 1, 2층 연결 통로에 출입문을 다는 문제가 발생했다. 1층과 2층 각 문에 출입문은 있으나 연결된 계단실에 달아야 할 문 견적이 빠져있었던 것이다. 마치 옥상까지 올라가는 계단을 만들었으나 옥상 출입문을 달지 않는 것과 같은 문제였다. 이 부분이 리모델링 견적 비용에서 빠져 있어 문을 달지 않겠다는 인테리어 사장님의 놀라운 이야기를 듣고 건물주, 인테리어 사장님 모두를 불렀다.

"2층 연결이 내부로 이어지는 것도 아니고 외부인데, 문이 없다는 게 말이 됩니까? 여름 태풍 땐 물이 들이치고 겨울에도 문 열고 사는 것과 같은데 추워서 어떡하나요? 계절마다 벌레도 들어올 거고요. 우리가 나중에 문짝을 떼어 갈 것도 아니니 2층 계단 문은 달려 있어야 합니다. 그리고 만약에 대비해 잠글 수 있는 문이어야 합니다. 또 비가 들이쳐도 1층으로 물이 내려오지 않게 여기에는 방지턱도 있어야 하지 않을까요?"

나는 문을 달지 않게 되면 생길 여러 상황을 설명했다. 애초에 건물 리모델링 비용을 건물주가 지불하기로 했으므로 이 경우 또한 건물주가 지불해야 한다고 확실히 못을 박았다. 꼼꼼하게 공사 내역을 살피지 않은 건물주의 실수였을 수도 있지만, 말도 안 되는 모양새로 마무리

지으려는 인테리어 사장님의 태도도 우리를 난감하게 했다. 나는 공사가 끝나면 바로 입주할 임차인이었을 뿐이지, 건물 리모델링을 체크하고 확인하는 현장 소장은 아니었다. 내가 건물공사 하자를 체크할 이유도 없었다.

그처럼 나와 건물주는 애매한 포지션으로 공사를 시작했고, 현장에서도 원안대로 잘 공사가 이행되고 있는지 살피는 것이 누구 몫인지 확신하지 못해 그냥 넘긴 문제들이 제법 많았다. 공사 끝에 드러난 문제에 책임을 따지기에는 서로가 무심했고 조심스러웠다. 어쨌거나 건물주는 처음부터 끝까지 신사적으로 일을 처리해줬다. 고마움만 커졌다. 세상에 이런 건물주도 있구나 싶었다.

더 애쓰지 않고, 더 힘내지 않는다면

/

기초공사가 끝나고 우리만의 영역 공사에 들어갔다. 공사 내역은 에어컨 4대, 전구와 천정 레일, 주방전기 공사, 간판, 난간조명, 바닥 에폭시 정도였다. 이런 기본공사는 이제 우리한테는 일도 아니었다. 공사가 진행되는 동안 나는 내부 바 공간 계획을 짰다. 본격적으로 메뉴 가격 작업을 하고, 선반과 가구, 집기, 기계를 넣으며 마무리 작업을 했다. 상부장 대신 고급 선반을 달고, 쇼케이스와 제빙기, 머신을 어디에 둘 것인지, 전기는 어디까지 이어지게 할 것인지, 각 치수별로 필요한 공간을 그리면서 상하부 공간 배치를 했다. 그리고 이에 따라 가구를 사이즈별

SsoH의 마을점은 우리에게 새로운 의미를 부여해 주었다.
우리의 기능이나 의도보다 고객의 필요나 요구를 듣고
직영점을 입점하기로 했으니 SsoH 시즌 2의 시작이었다.

로 맞춰서 구매했다.

여러 매장을 오픈한 노하우로 '매장 오픈 매뉴얼'을 만든 터라 준비는 상당히 수월했다. 우리 노하우를 기반으로 만든 오픈 매뉴얼은 당시에 사업팀장으로 있던 이상훈 (현)부사장이 만들었는데, 그대로 초도물품을 준비하고 배치만 세팅하면 바로 영업할 수 있게 되어 있다. SsoH 알바생으로 시작해서, 물류점 매니저를 거쳐 사업팀 팀장, 그리고 지금은 SsoH의 부사장이 된 그는 나만큼이나 현장 상황을 잘 알고, 적응력도 뛰어나 SsoH에 없으면 안 되는 존재다.

더불어 여러 직원들의 협조로 마을점은 2019년 2월에 오픈했다. 오픈 초반에는 어디서 이렇게 많은 사람들이 찾아오는 건가 싶어 참 놀라웠다. 그런데 오픈 3개월이 지난 후부터 지금까지 쭉 가세가 기울고 있다. 매장을 접어야 한다는 생각을 갖게 한 곳은 여기가 처음이다. 내가 가서 보란 듯이 다시 살려내고 싶기도 하지만 내가 끼어들어 카페가 잘되게 만든다 해도, 결국 우리 직원들의 역량이 이어지지 못하면 다시 원점일 수밖에 없다. 그래서 내 개입은 최소로 하고 있다.

관리 영역이 늘어난 것이 나를 지치게 하는 요소가 되기도 하지만, 매장이 느는 만큼 성장해야 할 직원들이 같이 성장하지 못하고 제자리 걸음을 하는 것은 회사 입장에서 굉장히 큰 문제였다. 이 한계를 극복하려면 다시 매장을 줄이고, 관리가 가능한 범위 내에서 우리 직원들이 성장할 때까지 기다리는 것이 맞다.

내 의지로 SsoH 간판을 내려본 적이 없어 이 고민에 대한 결정은 상당히 오래 걸렸다. 오픈하면 무조건 잘되어 자의적으로 SsoH 문을 닫

아본 적이 없어서 어떻게 매장을 정리해야 하는지도 잘 모른다. 나에게 가장 쉬운 방법은 매장을 철수하는 것보다, 직접 개입해서 잘되게 만드는 것이었다. 하지만 지금은 외적인 인지도보다 내적인 단련이 필요한 시기라고 판단했다. 길고 오래가려면, 내부 직원들의 상태와 형편을 살피고 그 속도에 맞추기도 해야 할 것이다. 그래서 아픈 새끼손가락 같은 마을점은 현재 새 인수자를 찾겠다고 내놓은 상태다. 좋은 건물주가 있으니 이 자리는 복이 깃든 곳이다. 우리가 더 애쓰지 않고, 힘내지 않아서 망친 것일 뿐. 나는 정말 그렇게 생각하고 있다.

04

위치보다 중요한 건 애정임을 가르쳐준 장승점

초기 마을점이 잘되어서 승승장구할 때, SsoH 간판만 걸면 잘되는 줄 알고 역세권에 한번 진입하고 싶다는 욕망이 스멀스멀 올라왔다. 때마침 장승배기역 코너 카페에 새 주인을 찾는다는 임대 광고를 보고 연락을 취했다. 예상보다 까다로운 인수 조건이라 금방 마음을 접었지만, 몇 주 후 권리금을 조정해줄 테니 진지하게 생각해보라는 역제안을 받았다. 역세권에 그 정도 권리금이면 망해도 괜찮지 않나 싶어 적극적으로 진행했다. 그렇게 장승배기역 사거리에 SsoH가 입점했다. 그 어느 곳보다 임대료는 가장 부담되는 위치였지만 오픈만 하면 잘되던 SsoH였기에 자신 있게 시작했다.

기존에 카페로 쓰였던 곳이지만 인테리어 비용이 들지 않았던 것은 아니다. 냉난방기를 새로 교체해야 했고, 간판을 달아야 했다. 외관 필

▲ SsoH 마을점 바와 지하공간

름도 우리 색으로 바꿔야 했다. 냉장·냉동고와 그라인더도 추가로 구매했으니 기계는 커피머신 빼고 다 바꾼 셈이다. 주방 배치가 마음에 들지 않아 가능한 범위에서 이리저리 바꾸고, 창문 시트를 일일이 다 제거하고, 메뉴판도 약식으로 새롭게 제작했다. 해보니 기존 카페를 인수해서 내 마음대로 부분 부분을 고치는 게 훨씬 손이 많이 가고 힘들다는 것을 알았다. 있는 그대로 썼다면 그런 고생도 없었겠지만, SsoH라는 브랜드가 있다 보니 프레임을 바꾸는 일에 제법 많은 비용과 정성을 들였다.

마을점과 장승점을 오픈하면서 부족한 가구는 KBS 지점을 철수하면서 생긴 테이블 및 의자를 몇 개 더 보충하는 것으로 채웠다. 피규어 업체와 함께 카페를 진행하다 사기당한 상황에 그래도 건질 수 있는 가구와 기계가 있고, 그걸 장기보관 할 수 있는 창고가 있다는 게 우리에게 위로가 되었다. 안 그랬으면 KBS 지점 철수 때 폐업 전문 업체에 넘겨 말도 안 되는 값을 받아 더 속상했을 텐데 말이다. 그때 우리는 새로운 지점 오픈을 염두에 두지 않았음에도 몇 개월 쓰지 않은 상태의 제품을 헐값에 넘기기 아까워 트럭을 빌려 몇 차례에 걸쳐 창고에 옮겨다 두었다.

역세권의 장점과 단점

/

여러 직원들의 손때 묻은 공간인 장승점은 2019년 4월에 오픈했다. 장승배기역에 있어서 이 지점 이름을 장승점이라고 불렀다. 정말 많은 사람들이 역을 이용하기 위해 그 앞을 지나간다. 유동인구는 꽤 많으나 매장으로 흡수되는 손님은 많지 않았다. 그래도 매일 매장에 들러 커피를 사가는 단골들이 꽤 있었다.

어디나 그렇듯이 단골 확보가 되지 않으면 매장 운영은 어렵다. 다행히 SsoH는 두꺼운 단골층이 있어서 그 힘으로 살아낸다. 특히 근처 동작보건소 직원들은 단골 인증 쿠폰인 선불권 사용을 선호해서 더 강한 연대감으로 장승점을 지켜주고 있다.

역세권이라는 장점이 있었지만, 동작구청 청사가 이전 및 재개발을 앞두고 있어서 이 지역은 지금 상권이 상당히 어수선해졌다. 뒷길 재래시장은 어느 날부터 텅텅 비었고, 인근 상점들도 문을 닫았다. 상권이 사라지고 있었다. 그런데 다행히 지금 같은 분위기에도 운영하는 데 문제가 없다.

대단한 브랜드가 아닌데도 이런 분위기 속에서 높은 임대료를 충당하며 카페를 유지하는 현실이 이상할 정도다. 그래서 미련할 수 있으나 4~5년 후를 바라보고 때를 기다리며 버티는 것도 나쁘지 않다 싶다. 그리고 다른 지점의 상권도 언제라도 장승점처럼 변할 수 있으니 그런 변화 속에 살아남기 위해 우린 어떤 노력을 하면 좋을지를 고민하며 방법을 모색하고 있다.

무엇보다 코로나19 바이러스 사태와 맞물려 어려워진 2020년에 SsoH는 '배달' 플랫폼을 이용해서 매출을 보완하고 있다. 2장에서 말했듯이 많은 소비자들이 배달로 커피를 마신다는 것을 이미 2~3년 전부터 알고 있었기에 무역점과 같은 경우는 이미 커피 배달을 하고 있었고 순차적으로 다른 모든 지점도 배달에 뛰어들었다.

최근엔 장승점도 배달을 시작했는데, SsoH가 인근에 여러 개 위치해 있어서 이 지점에서 배달을 시작하면 저 지점 배달 주문이 줄 거라 생각했던 매출 하락에 대한 우려와는 다르게 배달 주문은 전반적으로 매일 늘어가고 있다. 장승점은 배달도 꽤 잘되고 있다. 그러나 배달 수수료를 따지면 이익이 정말 없다. 1만 원 이상 주문 시 무료 배달로 했을 경우 우리한테 남는 건 거의 없다. 월 300~400만 원의 배달 매출이 생겨도 결과적으로 반도 안 되는 금액이 입금되니 배달에 들이는 공이 굉장함에도 수입은 너무 야박하다. 배달을 안정적으로 하기 위해서는 배달 정책을 바꿔야 하는데, 그건 배달 메뉴 가격 인상, 최소 주문금액 인상이 대안이다. 배달 정책 조정 없이 현재 상태로 장승점 운영에 대해 계산해보면, 우리에게 장승점 운영은 품만 더 들고 관리 포인트만 더 늘어난 것일 뿐이라 운영 매력이 없다.

장승점도 마을점에 이어 이익이 크게 나지 않는 구조이기에 감히 말하면 실패다. 승승장구하던 SsoH의 이면을 만난 지 1년이 다 되어간다. 뭐든 잘될 줄만 알았던 브랜드 확장은 실패로 남았다. 뼈아픈 결론이다.

05

한옥카페 '다방점'
셀프 인테리어 도전기

SsoH의 '다방점' 자리를 처음 보자마자 마음에 들어 했던 이유는 아주 오래된 한옥 느낌이 났기 때문이다. 하지만 남편을 비롯한 다른 사람들이 나를 만류한 이유도 그 '낡은 한옥' 느낌 때문이었다. 하지만 나는 그곳을 잘 꾸미면 우리나라 근대 커피문화의 본류였지만 지금은 사라진 '다방'의 문화를 다시 살릴 수 있을 것 같았다. 사실 이곳의 상권에 대해서는 자신할 수 없었다. 주변에 아파트도 있고, 병무청도 있었지만 모든 곳에서 약간 벗어난 듯 보였다. 심지어 부동산 사장님마저도 카페를 하기에는 적합하지 않다고 만류할 정도였다. 하지만 나는 낮은 월세를 생각하면 해볼 만하다고 생각했다.

카페 셀프 인테리어,
어디까지 해봤니
/

처음에는 이 매장도 다른 매장과 마찬가지로 외주 인테리어 업체에 의뢰하려고 했다. 하지만 규모도 10평 남짓으로 작았고, 그동안 축적된 인테리어 지식을 기반으로 충분히 우리 힘으로 만들 수 있지 않을까 하는 생각이 들었다. 그동안 이런저런 잡일로 단련된 남편도 이런 나의 제안을 흔쾌히 받아들여 자가 공사로 진행하기로 했다.

그동안 맡겼던 외주 인테리어 업체들은 기본적으로 '팀'이 있었다. 인테리어 사장님과 항상 같이 일하는 각 분야의 기술자들이 정해진 시스템이었기 때문에 일할 때에 특별히 사람을 구할 필요가 거의 없었다. 하지만 우리는 그런 시스템이 없었기에 일일이 일할 사람을 찾아 구해야 했다. 다행히 인터넷에 분야별로 기술자를 구인구직할 수 있는 사이트가 있어서 그곳을 통해 진행했다.

일단 철거를 시작했다. 기존 추어탕 집에서 사용하던 내부를 대거 철거하고 나니 오래된 건물의 흉측한 모습이 드러났다. 구조 보강을 하고 창호를 달고 목공을 하고 가구를 넣는 마무리 단계까지도 흉측한 모습은 쉽게 변하지 않았다. 찾아오는 사람들마다 여기에 SsoH가 잘 어울리겠냐고 걱정했지만 나는 최종 모습을 머릿속에 그리며 나름 자신 있게 진행했다.

기존의 추어탕 집에서는 마당에 지붕을 덮고 바닥에 온돌을 깔아 홀 내부를 확장해 사용했지만, 우리는 지붕을 철거하고 마당을 살렸더니

▲ 공사전 진행 모습

마당 있는 카페가 되었다. 공사를 마친 후 그 마당에서 땅을 밟으며 한가운데 앉아 가을 햇볕을 쬐고 있으면 그렇게 행복할 수가 없었다. 지금도 가끔 그곳에 가서 근무할 때면 고풍스럽고 아늑한 느낌에 일하는 기분이 절로 좋아진다.

불가능을 가능하게 만든 도움들

/

여러 사람들과 작업하면서 어려움도 있었지만 반대로 즐거움도 있었다. 그중에 가장 뿌듯했던 것은 아버지와의 새로운 만남이었다. 아버지는 반평생을 건축 관련 일을 하며 사셨는데 그 기술이 다방점 공사를 하는 데 큰 도움이 되었다. 처음에는 사람을 사고 레미콘을 불러 해결하려고 했는데 그 비용이 생각보다 너무 많이 들었다. 아버지에게 도움을 청했으나 현장 일에 손 뗀지 오래라며 못 한다고 하셨다. 하지만 남편과 내가 둘이서라도 할 작정으로 밀고 나가니 결국 돕겠다고 하셨다. 그래서 바닥 미장과 화장실 시공은 아버지의 도움을 받아 말 그대로 '우리가 직접' 하기로 했다.

철거 후 레미탈을 300포대 시키는 것으로 본격적인 공사가 시작되었다. 지게차를 불렀지만 좁은 입구 때문에 지게차가 마당 안으로 레미탈을 밀어 넣어줄 각이 나오지 않았다. 그래서 우리가 일단 300포대를 들어 안으로 나르는 일부터 시작했는데, 40킬로그램 래미탈 한 포대는 돌처럼 묵직하고 무거워 다루기가 영 힘들었다. 그리고 그걸 잘 찢어 쏟아내고 물에 개는 일도 이루 말할 수 없이 힘들었다. 한두 포대면 모르겠지만 수십 포대를 물에 개는 일은 정말 진을 빼는 일이었다. 나와 남편, 그리고 아버지는 직접 레미탈을 물에 개고 바닥에 뿌려서 새로 바닥을 까는 작업을 했다. 시간이 되는 직원들도 와서 돕기는 했지만 그럼에도 불구하고 그 작업은 정말 힘든 일이었다. 일이 끝나고 샤워할 때마다 머리카락과 코에서 시커먼 레미탈 가루가 나와서 코피 날 정도로 코를 풀어댔으니 정말 그 고생은 지금 생각해도 표현할 적당한 말이 떠오르지 않는다.

개어 놓은 반죽을 바닥에 평평하게 고르고, 표면을 곱고 매끈하게 만드는 작업은 전적으로 아버지에게 의존해야 했다. 남편도 해보겠다고 했지만 전혀 생각되로 잘되지 않았다. 뭐랄까…. 화가가 캔버스에 그림을 그리듯이, 바닥을 매끄럽게 고르는 작업은 예술적으로 보이기까지 했다. 그 모든 작업을 아버지와 함께하면서 아버지의 새로운 모습을 보게 되었다. 모두가 그렇게 고생하다가 자가 인테리어를 포기할 생각이 반 이상 들었을 때즈음 레미탈 믹서기의 존재를 알게 되어 나는 뒤도 안 돌아보고 150만 원짜리 장비를 샀다. 나는 당장 그 공사를 끝내고 싶었기에 결국 비싼 값을 치르고 일을 끝냈다. 그러고 꼬박 며칠을 누워 있었던 것 같았는데, 정신을 차리고 나니 일주일이 지나 있었다. 내가 누워있는 동안에도 남편과 아버지는 공사를 이어갔다. 화장실에 변기와 세면대를 설치하고, 마당 한 켠 포토존이 될 벽에 흰색 페인트를 칠했다.

다방점 인테리어의 포인트,
조명과 좌식공간
/

다방점 인테리어의 마지막 포인트는 조명이었다. 나뭇가지에 고풍스러운 에디슨 전구를 열매처럼 예쁘게 달아놓고 싶었다. 그런 모습을 어딘가 사진에서 찾기는 했지만, 그걸 실제로 파는 곳을 찾을 수가 없었다. 남편은 한참을 고민하다가 직접 두꺼운 전선과 소켓을 사서 비슷한 모양으로 전구 다발을 직접 만들었다. 그렇게 최종 완성한 조명은 꽤 마음에 들었다. 우리는 그것을 '주렁주렁 전구'라고 불렀는데, 준비물을 다 갖춰놓은 후 조립하는 것만 하루 종일 걸렸다. 몇몇 손님들이 주렁주렁 전구가 너무 예쁘다고 어디서 파는지, 얼마인지 물어보기도 했다.

다방점 인테리어의 또다른 특징은 입식뿐 아니라 좌식 공간을 둔 것

이다. 고객들의 취향에 따라 공간을 구분해서 사용할 수 있다. 특히 아이를 데리고 마실 나온 엄마들은 아이들이 뛰어다녀도 안전한 좌식을 선호하고, 연세 있는 손님들은 앉기 편한 입식을 선호했다. 사실 많은 가게들이 요즘에는 앉기 불편한 좌식을 없애는 추세다. 하지만 SsoH 좌식 공간은 점심 때 잠깐이라도 신발을 벗고 발에 숨을 쉬게 해줄 수 있어서인지 직장인들에게도 인기가 있다.

이 작은 다방점에 좌식과 입식 공간을 모두 담은 이유는 이처럼 남녀노소 누구나 편히 오고 쉬었다 가면서 많은 소통이 이뤄지기 바라는 마음에서였다. 사회, 경제, 정치, 문화 전반에 걸쳐 대중을 적극적으로 소통하게 했던 서양의 커피하우스 같았던 우리네 다방과 한국커피의 역사를 기억하며 오늘날 건강한 커피문화를 만들어가고 싶은 SsoH의 마음을 고스란히 담았다.

◀ 공사전 모습

공사후 모습 ▶

조용하지만 굳건하게 자리를 지키고 있는 다방점

/

그렇게 많은 이들의 도움으로 '우리가 직접' 인테리어 한 매장을 오픈하게 되었다. 간판 없이 시작한 다방점은 오늘까지도 영업 중이다. 무엇을 파는 집인지 알릴 필요는 있을 것 같아서 코너 담벼락에 50센티미터의 아담한 육각 아크릴로 '커피팩토리쏘'라는 옆 간판을 올렸는데 사실 그마저도 잘 안 보인다. 그래서인지 오픈한 지 3년이 지난 지금도 최근에 오픈한 줄 알고 찾아오는 손님들이 있다. 다방점 매출은 오픈 때부터 지금까지 매월 아주 조금씩이라도 꾸준히 상승해왔다. 그만큼 동네에서 아주 조용하지만, 굳건하게 자리매김해온 지점이다. 이미 다녀간 사람들 사이에서도 존재감이 상당하다.

건물 자체도 너무 낡았고, 인테리어 공사 당시 목공이 부실해 생긴 하자 탓에 비가 오면 천정에서 물이 새기도 하고, 주변도 재개발이 예정되어 있어서 언제까지 지금의 모습이 유지될 수 있을지는 모르겠다. 그래도 다방점에서 일할 때면 그때의 땀방울이 생각 나서 기분이 좋아진다.

누군가 나에게 '다방점'처럼 셀프 인테리어를 다시 해볼 생각이 있냐고 묻는다면 고개를 절래절래 흔들지도 모른다. 하지만 그때의 시간으로 되돌아간다면 망설이지 않고 똑같이 내 손으로 했을 것 같다. 돈보다 소중한 많은 것들을 배울 수 있었기 때문이다. 그 땀방울들을 흘리며 얻은 지식과 기술들은 내가 SsoH를 하게 된 이유, 탄자니아 땅으로 가서 다시 일을 시작할 때 좋은 밑천이 될 거라는 확신이 들어 조금도 후회하지 않는다.

06

SsoH의 마지막 지점은 탄자니아

마지막으로 SsoH의 길로 나를 이끌어주고, 앞으로의 꿈을 이어가게 해줄 탄자니아와의 인연에 대해서 말하고자 한다.

스물일곱이 되던 해, 인생에서 2년은 내가 아닌 오롯이 남을 위해 독립적으로 살아보고 싶은 마음에 외교통상부 산하기관인 코이카KOICA 봉사단에 지원해서 아프리카 탄자니아로 떠났다. 5개월이란 짧지 않은 시간에 현지적응 훈련을 하며 기다린 끝에 힘들게 배치받은 곳은 킬리만자로산이 있는 모시MOSHI라는 지역의 직업교육기관 베타VETA였다.

파견 첫날부터 그곳에선 학생폭동이 일어나 한주나 수업이 미뤄졌다. 일주일이 지나서야 방문하게 된 학교는 깨진 유리창과 쓰러진 화분으로 어수선했다. 그 와중에 까만 피부의 사람들 사이에 유독 하얀 얼굴이었던 나는 돋보였다. 이내 전교에 소문이 났고 나를 구경하기 위해 학생들이 몰려왔다. 겁이 난 나를 피신시켜주고 환대해준 도시계획과 선생님들 덕에 파견 첫날은 불안함 속에서도 묘한 평화로움을 느꼈다.

2년제였던 도시계획과가 나로 인해 3년제로 바뀌었다. 3학년 수업은 주로 내가 맡았다. 숱한 날들 중에 기억나는 사건이 있다. 그날의 기억은 내가 이곳 학생들의 본모습을 다시 보게 된 계기가 된 것 같다. 하루는 너무 안일한 태도로 학생 누구도 과제를 해오지 않았다. 속상한 마음에 한 사람씩 일으켜 50센티미터 자로 손바닥을 때리는데, 그만 자가 부러졌다. 한국의 체벌문화에 길들여졌던 나는 내가 살아온 습관대로 20대 아이들에게 매를 든 것이다. 부러진 자를 보며 머리가 아득해졌다. 민망하고 미안한 마음이 뒤섞인 채로 얼굴이 벌겋게 달아올랐다. 그대로 수업을 서둘러 끝냈다. 아무것도 손에 잡히지 않아 해지도록 집에서 우두커니 창밖만 내다보고 있었다. 그때 학생 중 한 명에게 문자가 왔다.

"선생님, 마음 안 좋지요? 우리 왜 혼났는지 알아요. 선생님이 우리 사랑하니까 혼낸 거잖아요. 잘하라는 뜻인 것 압니다. 죄송합니다."

이어 다른 학생들에게도 문자가 이어지더니, 3학년 학생들 전원이 문자를 보내왔다. 자기들은 괜찮으니까 마음 쓰지 말라는 내용이었다.

학생들한테 받은 위로는 그뿐만이 아니었다. 자전거를 타고 다니며 출퇴근하던 나는 가로등 하나 없는 거리를 늦은 시간에 지나가는 일이 잦았다. 게다가 그 길들은 비포장도로였기에, 비 오는 날은 말할 것도 없이 무섭고 불안했다. 어느 날부터인가 숙소에 머무는 학생그룹이 배웅해줬다. 내 자전거를 손수 끌어주며 15분 남짓 걸리는 교직원 숙소까지 무섭고 외로운 길에 동행해주었다. 그리고 다른 어느 날 또 누군가는 내 뒤에서 자동차 라이트로 길을 비춰주었다. 구불구불하고 울퉁불퉁한 비포장 길을 밤이나 궂은 날씨에도 아무 사고 없이 오갈 수 있었던 이유는 내가 잘 모르는 현지인들까지 흰 피부의 외국인에게 베푸는 정이 컸기 때문이다. 이런 경험들은 아직도 내게 빚진 마음으로 남았다.

내 마음이 성장하는 만큼, 학생들도 성장했다. 엘리베이터, 에스컬레이터도 모르던 학생들의 지식과 경험이 나날이 풍부해졌다. 컴퓨터 마우스로 더블클릭도 못 하던 이들이 CD를 굽고, 프로그램을 깔고, 캐드를 치고, 포토샵을 했다. 사진을 찍어 파일 업로드도 할 줄 알게 되었다. 20명의 학생들이 내 노트북 하나로 돌려가며 작품을 만드는 데 불편이 컸을 무렵 주탄자니아 한국대사관으로부터 컴퓨터 두 대와 UPS를 지원받았다. 우리나라처럼 택배나 유통구조가 마련되지 않은 탄자니아에서 그 귀한 물건을 수도에서 지방도시인 모시로 넘겨받기란 쉬운 일이 아니었지만 차로 왕복 24시간 걸리는 거리를 마다하지 않고 직접 실어다준 한 동료 선생님 덕분에 안전하게 받을 수 있었다.

학생들은 자신 앞에 놓인 신문물을 활용하는 데 열심이었다. 학생들은 주말에도 나를 귀찮게 했다. 집까지 찾아와 내 노트북으로 캐드를 가르쳐달라고 졸랐고, 쉬는 시간과 방과 후에도 나를 붙잡아두기 일쑤였다.

탄자니아의 SsoH 지점을 꿈꾸며

/

어느 날 한 학생이 쉬는 시간에 내 책상에 600실링이나 하는 환타병을 놓고 갔다. 200실링이라는 차비가 없어 두 시간 거리를 걸어야 했던 학생이 내게 표현한 600실링의 환타는 어떤 말로도 표현할 수 없는 미안함과 고마움을 갖게 했다.

그렇게 조금씩 선생으로서의 가르침과 학생으로서의 배움이 축적될수록 내 보람은 두 배가 되었고, 그 모든 것은 다시 이곳에 돌아와 갚아야 할 빚이 되고 있었다.

임기가 끝날 무렵, 학생들은 자기를 한국에 데려가 달라고 조르거나, 다시 돌아올 거냐고 물었다.

"난 꼭 다시 오고 싶어. 내가 돌아와도 넌 졸업하고 없겠지만."

"괜찮아. 난 선생님을 기억할 거니까."

난 좀 더 전문성을 키워 탄자니아에 돌아오고 싶었다. 자잘하게 건축이론과 가상모델을 가르치는 수준을 넘어서 이 학생들의 삶을 책임지고 싶었다. 3학년 학생들을 가르치며 그들이 배우고 커갈 능력이 무궁무진하다는 것을 알았다. 그들 가족을 책임질 수 있게 취업을 보장하고 싶었다.

우리나라에서 유학붐이 일어났던 시절을 생각했다. 선진국으로 유학을 다녀온 선배들이 후배들에게 지식을 가르치며 한국교육이 발전했던 과거를 떠올렸다. 탄자니아도 마찬가지였다. 개도국의 젊은이들은 대부분 돈이 없어 선진국에 나가 배움을 가질 기회를 얻을 수가 없다. 그중 누군가는 선진국에 나가 새로운 지식을 배우고 다시 탄자니아에 다시 돌아와 자신의 지식과 경험을 나눠 풀어야지만 교육과 나라가 발전될 터다. 언젠가 그 학생들에게 내가 스물두 살 적에 유럽을 돌아다니며 직접 찍은 건축물 사진을 보여준 적이 있었다. 그들은 호기심에 가득 차 더 많은 세상을 알고 싶어 했다. 간절하게 한국에 같이 오고 싶어 했고, 자신을 서포트해줄 사람을 찾았다. 물론 그들 모두 학기 말기에는 인터넷이라는 존재를 알고, 인터넷서핑도 곧잘 하게 되어 내가 찍은 유럽 사진보다 더 멋진 장면을 인터넷으로 찾아보게 되었지만, 다양한 정보 속에서 올바른 정보를 찾아 필요한 것을 축약하는 능력은 아직 없었다. 그들보다 아주 조금 더 배운 내가 다시 탄자니아에 돌아와야 하는 이유는 더 분명해졌다.

그래서 우선 나부터 다지고 싶었다. 내가 먼저 이 분야 전문가가 되어 탄자니아 현실에 필요한 사람이 되고 싶었다. 2년 전 입학통지만 받고 휴학했던 한양대학교 건축전문대학원 석사1기를 다시 다니기 시작했다. 목적이 있었기에 모든 수업을 굉장히 열심히 들었던 기억이 난다. 그런데 전공 공부를 하면 할수록 '이게 아닌데…' 싶은 생각이 들었다.

'초고층 건축설계가 아프리카에 필요할까? 에스컬레이터도 모르는 학생들인데 이런 화려한 설계가 필요할까? 그곳은 아직 건축 시공하는 주재료도 흙이나 벽돌에 머물러 있고, 지붕 표현도 달라서 나는 그런 문화적인 것부터 익히느라 설계 초반에 애먹었는데…'

내가 경험한 아프리카는 화려하고 거대한 기술을 요구하는 곳이 아니었다. 학생들에게 마우스 더블클릭만 가르쳐도 스스로 응용하고 터

득해 많은 걸 해냈다. 애초에 그런 마음이었기에 대학원 건축 수업이 와닿지 않았다. 내가 배우는 공부가 누군가에게 군림하기 위한 건 아니었으니, 탄자니아 학생들과 더불어 살기 위해서라도 나는 여기서 멈춰도 된다는 확신이 들기 시작했다. 그렇게 몇 개월을 흘려보내며 결정했다. 내가 하고자 하는 일에 학위가 필요한 건 아니니니 그만두자고.

그리고 틈틈이 주말 알바를 했던 아주 작은 인테리어 회사에 취직했다. 처음엔 모든 게 신기했다. 그러던 현장경험은 이내 단조로워졌다. 2개월 만에 빠르게 일을 그만뒀다. 회사에 나를 기술적으로 이끌어줄 사람 한 명만 있었어도 흥이 많았던 시기라 버텼을지도 모르지만, 무지하고 무능했던 나의 역량으로 혼자서 현장 일을 맡는 건 역부족이었다. 더 버틸 이유가 없었다. 작은 인테리어 회사였지만, 내 모든 걸 걸었던 일이었다. 현장 일을 익히기 위해 석박사를 중단했고, 내 건축 인생모델이었던 교수님의 깊은 조언에도 단호했으니 말이다.

일을 그만둔 그날 이후 나에게는 탄자니아에 돌아가고 싶은 이유와 목적만 남았다. 건축 아니면 어떤 것도 생각하지 않았던 내가 수단을 버렸다. 일단 돈을 마련하자. 자립해서 돈을 벌자. 그렇게 자영업자의 삶이 시작되었고 어쩌다 보니 8개 직영매장을 운영하고 있는 SsoH의 대표가 되었다.

사실 지금쯤이면 탄자니아로 돌아가 있을 줄 알았다. 집과 물건들을 모두 정리하고 탄자니아에 가서 청년들에케 커피기술을 알려줄 계획만 남겨둔 참이었다. 하지만 전혀 예상하지 못했던 코로나19 바이러스 사태로 우리 부부는 발이 묶였다. 그리고 더 예상치 못했던 책을 쓸 수 있는 기회가 생겼다.

앞으로도 계획대로 되지 않는 삶이 이어지겠지만, 탄자니아를 향한 꿈은 여전히 뚜렷하게 마음속에 가지고 있다. SsoH의 마지막 지점은 아마 탄자니아가 될 것이다. 그 꿈을 향해 잘 가고 있는지 SsoH와 나를 아는 이들이 잘 지켜봐주었으면 좋겠다.

바리스타에게
휴가는 필수

누구에게나 쉼은 필요하다. 바리스타라는 직업 역시 체력 소모가 굉장하기 때문에 평소에도 잘 자고 잘 먹고 잘 쉬어야 한다. 우리 부부는 기회가 되면 긴 휴가를 다녀온다. 그리고 틈이 날 때마다 일부러 매장과 아주 멀리 떨어진 곳으로 나서는데, 익숙한 현장을 차단하고 아날로그 모드로 국내외 곳곳을 다닌다. 편안한 장소를 벗어나야 탐색할 여유가 생긴다.

휴가는 공부다

유명하고 규모가 큰 카페에서 배울 점과 작은 규모의 카페에서 배울 점이 다르다. 변화에 발 빠르게 대처하며 유행에 앞선 곳도 가보고, 전통을 지키고 정통한 커피를 고수하는 곳도 가본다. 두루두루 균형 있게 살피는 게 좋다.
나는 일부러 대접받기 좋은 곳을 찾기도 한다. 고객 서비스가 좋은 곳에 가서 직원들의 응대를 관찰하다 보면 우리도 이런 상황에서 이렇게 해야겠다는 생각을 하고, 또 한편으로는 직원들의 프라이드를 높이기 위해 우리는 무엇을 해야 하는지를 고민한다. 또 이색적인 인테리어와 동선 배치도 '그 언젠가' 미래에 대한 참고가 된다. 그 가게만의 시그니처 메뉴를 살피고, 이와 관련해서 연구도 해본다. 이렇게 눈으로 보고 머리로 생각한 것은 우리 매장에 적용 가능한 아이디어로 어느 날 현실화되기도 한다. 다른 장소에 가서 관찰하고 사색하는 것만큼 좋은 교육은 없다. 늘 머물던 곳을 벗어나 새로운 장소에 가

보면 매장에 접목시키고, 변화를 줄 수 있는 아이디어는 반드시 떠오르게 되어 있다.

꼭 잘 갖춰진 큰 규모의 매장이 아니더라도 작은 시장에서도, 골목에서도, 우리의 여유로움을 되살려주고 눈과 머리를 씻겨줄 이색적인 사건들은 우리를 생각하게 하고, 스스로와 주변을 돌아보게 하고, 전보다 나은 삶을 꿈꾸게 해줄 것이다.

휴가는 투자다

법정 근로시간 주5일, 하루 8시간 근무를 빼고 난 나머지 시간동안 워라벨 세대의 친구들은 개인시간을 즐기고 가꾸는 편이다. 그러다 보니 일상의 지출이 큰 편이다. 일상생활에 지출이 크다 보면 목돈 마련이 어렵다. 꼰대같이 들릴지 모르지만, 일상의 지출을 아낄 필요가 있다. 왜냐하면 휴가를 떠나기 위해서다. 긴 호흡으로 휴가에 대한 투자를 지금부터 해보자. 목돈을 마련한 후 익숙한 일상을 벗어나서 언어가 통하지 않는 나라에 한번 가보자. 마주한 낯선 나라의 양식과 문화는 우리를 더 넓고 더 큰 세상으로 안내해주고, 보통의 안목을 뛰어넘는 사업가가 되게 해줄지도 모른다.

변화에 빠르게 대응하는 카페만 살아남는다

빠르게 상황을 인지하자

/

모든 답은 그렇게 심플하지 않다. 매해, 매일 상황은 달라지고 있다. 바로 옆에 카페가 또 생겨나고, 없던 건물이 생기고, 인근 정류장이 50미터 옆으로 옮겨지고, 육교가 사라지고, 지하철 입구가 생기고, 재개발로 인근 상점이 다 나가고, 또 코로나19와 같은 무서운 팬데믹도 우리에게 큰 변화를 가져다 주었다. 좋든 싫든 겪어야 하는 변화들이다. 바로 이때 우리는 모두 상황 속에서 적절한 답을 찾아내야 한다. 매일매일 예민하리만큼 변화를 인지하고 발 빠른 대처를 해가야 도태되지 않고 살아남을 수 있을 것이다.

거의 40년을 중부시장에서 김 도매업을 해온 한 어르신이 은퇴하며 이런 이야기를 했다.

"내가 조금만 젊었어도 온라인 판매에 뛰어 들었을텐데, 10년 전 당시에도 참 괜찮다는 생각에 온라인 판매에 도전하지 않은 것이 많이 아쉽다"

그분은 한창 잘나갈 때 빚 없이 자식 셋 대학 등록금을 다 내고, 집 한 채씩 사서 시집 장가를 보냈다. 몇 십 년을 김 도매로 많은 부를 축적했다. 비 오는 궂은 날씨든, 눈보라치는 겨울이든 새벽 세네 시에 출근하는 게 힘들었지만, 그만큼 성실하게 일한 만큼 도매업은 보상도 좋았다. 그러나 어느 날 한일관계가 악화되어 일본인 관광객이 줄었고, 그래서 남대문, 명동에 납품하던 김 출고량이 반의 반토막으로 떨어졌다. 그때라도 온라인 판매를 해볼까 했지만, 나이 탓에 손을 대지 않았다. 코로나로 직격탄을 맞은 지금은 성실과 상관없이 판매량은 0이다. 긴 세월 공들여온 사업인데도 변화에 빠르게 대처하지 못해 이렇게 철수하게 되어 아쉬움이 남는다는 그분의 메시지는 장사하는 누구나 기억할 만하다.

나 혼자 100년을 살 수 없다
/

난 아이도 없지만, 있다고 해도 대대손손 자손들에게 SsoH를 되물려주는 가업을 꿈꾸지 않는다. 내 생각을 공유하고 이어나갈 좋은 사람들이 있길 바랄 뿐이다. 그렇게 1년, 5년, 10년, 30년을 이어나가다 보면 결국 어느새 100년이 차지 않을까 하는 생각을 가지고 있다.

그러나 그 100년의 기간 동안 SsoH가 그저 또 하나의 커피숍으로 살아남아 연명하기를 바라는 것은 아니다. 사람이 바뀌고 환경이 바뀌더라도 '수많은 농부들의 수고와 땀을 기억하고 한 톨의 커피콩도 제맛을 내게 하는 데 최선을 다하겠다'라는 SsoH의 다짐을 후임들이 기억해주고 지켜주면 좋겠다.

나부터 변하되, 철학은 변함없이 100년 가길
/

세상 모든 일이 그렇듯이 커피산업도 계속 변해간다. 우리 세대만 하더라도 한때 믹스 커피에서 시작해서 헤이즐넛 향을 가미한 드립커피가 유행하는 것을 경험했다. 그리고 스타벅스와 함께 에스프레소 기반의 다양한 베리에이션 커피가 보급되었다. 어느 때에는 뜨거운 물이 아닌 찬 물로 추출한 콜드브루 커피도 유행했다.

예전에 커피는 무조건 쓴맛에 먹는다고 생각을 했는데, 지금은 '스페셜티' 등급의 커피를 마시며 커피의 다양한 맛을 즐기는 소비자들이 많이 늘어나고 있다. 최근 들어 유난히 증가한 홈카페족들로 인해 가정집에는 커피숍을 방불케 하는 각종 기구들이 계속 늘어나고 있다. 어쩌면 홈카페 방문 튜터가 생길지도 모른다. 1:1 맞춤 응대, 비대면 응대가 확산되면서 앞으로의 100년, 아니 10년은 지금보다 더 빠른 속도로 변하고 발전해갈 것이다.

그럼에도 내가 '100년'을 이야기하는 것은 모든 상황이 변하더라도 지금 내가 생각하고 있는 커피에 대한 철학, 세상에 대한 관점이 100년을 가야 할 정도로 옳다고 믿기 때문이다. 100년 뒤에도 SsoH의 직원들이 커피를 마시러 온 한 손님에게 그 커피를 만들기 위해 노력한 모든 이들의 수고의 가치를 담은 한 잔의 커피를 제공했으면 한다. 내가 원한다고 되는 것은 아니겠지만, 그럼에도 나의 후배들이 올곧게 이 길을 따라 긴 호흡으로 묵묵히 SsoH의 길을 함께 걸어주길 바라고 또 바란다.

이 책이 나오기까지 누구보다 가장 많이 애써준 선스토리 강미선 편집장님과 윤미정 디자이너님, 본이 되는 모습으로 앞장서서 나의 길을 이끌어주고 계신 왈츠와닥터만 박종만 관장님, 커피인으로 사는 내 길을 응원해주며 함께 해준 남편 성민모님에게도 감사 드린다. 내가 잘 기억하지 못하는 것들도 잘 끄집어내어주어 이 책이 나올 수 있었다. 때마다 시즌 메뉴를 손질해주고 챙겨주며 물심양면으로 도와주는 우리 부부의 부모님께도 감사 인사를 전한다. 마지막으로 커피팩토리쏘의 이모저모를 책임 있게 맡아주는 이상훈 부사장님과 커피팩토리쏘의 커피 기술 수준을 한껏 올려준 안민영 원장님, 더운 여름에도 불 앞에서 콩을 볶느라 고생하는 공장점 로스터 김홍현 목사님, 지금까지의 커피팩토리쏘 역사에 함께 해준 모든 직원 분들, 특히 현재의 동료 분들께 고마움을 전하고 싶다.

규모별·상황별·기능별 카페 인테리어 노하우 Q&A

본점, 공장점, 교육점, 물류점, 무역점, 다방점, 마을점, 장승점, 그리고 4장에서 설명했던 SsoH의 아픈 손가락 KBS 지점까지 포함하여 총 9개 직영점을 진두지휘하며 인테리어했던 내 경험을 모두 담으려면 사실 책 한 권도 모자라다. 인테리어 업체를 통해 인테리어도 해봤고, 손수 인부들을 면접보고 고용하며 인테리어도 해봤다. 또 인부 없이 나와 남편의 힘만으로 인테리어도 해봤다.

'건축'을 전공하긴 했지만 실전으로 부딪히는 카페 인테리어는 정말 복잡하고 그 범위가 방대하다. 규모별로는 12평 소규모와 80평 대규모까지, 1층 카페는 물론 지하와 2층 카페 인테리어까지, 용도별로는 식당을 카페로, 옷가게를 카페로 전환하거나 기존 카페를 인수받아 SsoH 카페로 전환시켜봤다. 비용도 1,500만 원에서 5억까지 투자를 해봤다.

부록에는 카페 창업자들이 가장 궁금해할 카페 인테리어와 관련한 내용들을 담아보았다.

01 인테리어 업체를 고용하는 게 나을까요? 셀프 인테리어를 하는 게 나을까요?

/

제 경험으로 말씀드리자면 카페 인테리어가 처음이라면 인테리어 업체를 통하는 것이 낫다고 생각합니다.

셀프 인테리어가 불가능한 건 아닙니다. SsoH의 장승점이나 마을점

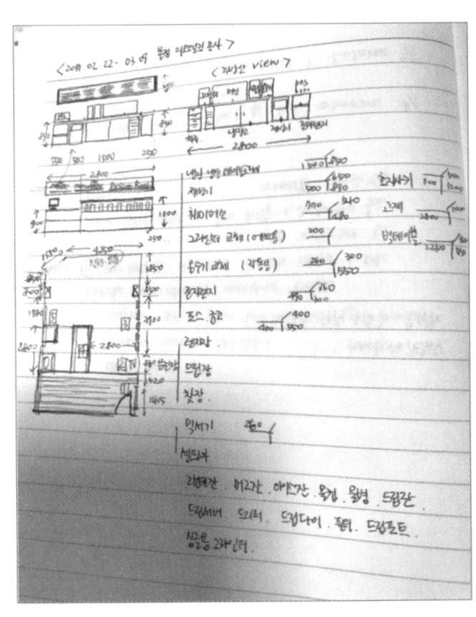

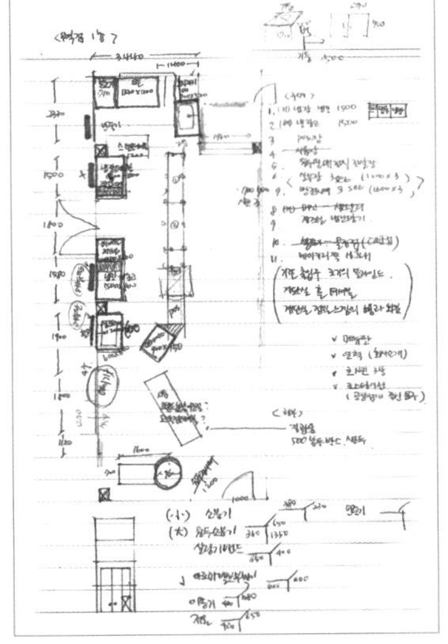

▲ 본점 리모델링 공사할 때 직접 구상한 도면과 메모

은 수월하게 적은 비용으로 셀프 인테리어를 했습니다. 하지만 이것은 어느 정도 건물주의 도움이 있어야 하고, 스스로 오랜 시간 품을 파는 노력이 필요합니다. 다만 제가 4장에서 다방점 경험을 이야기했듯이, 오랜 경험을 가지고, 인테리어를 직접 해보고 싶은 도전정신이 넘쳐나면 내 돈 주고 공부한다고 생각하고 셀프 인테리어를 해보는 것도 괜찮습니다.

하지만 단지 공사비용을 아끼려는 마음에서 셀프 인테리어를 결정했다면, 의외로 너무 많은 수고가 들 수 있고, 한 달이면 할 공사를 3개월 걸려서 하게 될 수 있기 때문에 시간에 대한 손실이 더 클 수도 있습니다. 가구나 기계 등 마감에 집어넣을 소품 등은 부분적으로 셀프 인테리어를 해서 비용을 줄일 수는 있겠지만, 모든 구성 계획은 인테리어 견적을 받을 때부터 이미지와 구성 배치가 나와야 합니다. 콘센트, 펜던트 등의 위치가 가구나 기계 배치에 따라 달라지고, 구매 수량도 달라지기 때문입니다. 카페 인테리어가 처음이라면 추가 비용까지 고려한 모든 시공을 업체에 맡기는 것이 나을 수 있습니다.

우선 인테리어 전문 업체를 선정해서 전체 규모와 주방 동선, 인테리어 이미지를 상의해서 견적을 세 군데 정도 받아보길 권합니다. 그리고 견적 외 비용도 잘 따져보기 바랍니다. 견적을 확인할 때 의탁자 같은 가구, 가스설비, 냉난방기, 외부 데크 공사 여부를 꼼꼼히 비교해서 추가 비용을 최소로 하여 가격을 비교하는 것이 제일 좋습니다.

하지만 꼭 기억하세요. 업체를 통해 인테리어를 한다 해도 카페 사장이 그에 못지않은 정보를 가지고 있어야 합니다.

02 인테리어 업체를 고를 때 주의할 점은 무엇인가요?

/

인테리어 업체를 고르는 가장 좋은 방법은 더 열심히 알아보는 것입니다. 그리고 가장 나쁜 방법은 누가누가 아는 사람이라는 이유로, 또는 어디어디 크고 예쁜 카페를 인테리어했다는 경험만 보고 선택하는 것입니다. 친한 친구가 인테리어 업체를 한다고 하더라도 그 선택이 좋지 않은 결과로 이어질 수도 있습니다. 친구는 친구대로 잃고, 인테리어는 인테리어대로 망할 수가 있습니다. 아무리 좋은 의도로 시작하더라도 업체의 능력이 따라주지 못한다면 결과는 좋을 수 없습니다.

어떤 업체를 선택할 것이냐는 본인의 능력과 노력을 바탕으로 해야 합니다. 본인이 아무 것도 모르는데 싸다는 이유로 맡기면 엉터리 결과가 나올 겁니다. 그런 때에는 차라리 좀 비싸더라도 제대로 된 디자인 업체를 선택하는 것이 옳은 선택입니다. 반면에 내가 셀프 인테리어도 할 수 있을 정도로 많은 지식과 디자인에 대한 확신이 있다면 가격이 저렴한 시공 기술자 한 분을 고용해서 진행하는 것도 가능합니다. 이 경우 업체를 사용하는 장점을 살리면서도 비용은 많이 절약할 수 있습니다.

사실 주먹구구식으로 일하는 무능한 업체가 많습니다. 되는 대로 공사하다가 비용이 더 드는 경우입니다. 철거했는데, 나중에 보강이 필요해서 다시 재설치 하면서 추가 비용 생겼다고 돈 달라고 하면 카페 사장으로선 억울한 일이죠. 이 공사와 저 공사를 묶어 효율적으로 일할 줄 알고, 남는 품을 공사 일정을 보면서 잘 이용할 줄 아는 업체를 찾아야 합니다. 이런 업체를 구분하는 것이 현실적으로 사실 어렵습니다. 일을 시켜봐야 알 수 있기 때문입니다. 단정 지을 수는 없지만 제 경험으로 보면, 나이가 어리면 경험이 부족하고 나이가 너무 많으면 요령을 피워 굼뜨기도 했습니다. 40대 후반에서 50대 초반 분이 노련하면서 일을 잘 하는 경우가 많았습니다.

업체 포트폴리오를 꼼꼼히 살핀 후 가볼 만한 현장을 찾아가서 직접 문의해보세요. 인테리어 업체의 최근 공사 현장 중 카페가 있다면, 직접 방문해서 인테리어 분위기를 살피고, 카페 사장에게 직접 카페공사할 때 애로사항은 없었는지 확인하면 업체 선택에 도움이 될 겁니다. 업체를 선정했다면, 계약서 쓸 때 추가 비용은 없다는 것과 총 공사기간을 반드시 기재하십시오. 공사기간 안에 인테리어를 끝내지 못할 경우에 대한 대비는 반드시 필요합니다.

03 인테리어 견적서는 어떻게 받나요?
/

견적서는 가능한 '상세하게' 받는 것이 필요합니다. 어떤 업체는 흔히 '갑지'라고 하는 분야별 내역만 적어서 주는 경우가 있는데, 이런 견적서는 견적서라고 할 수도 없습니다. 그 뒤에 '을지'라고 하는 상세 내역이 반드시 포함되어야 합니다. 여기에는 인테리어 공사에 들어가는 모든 내역이 상세하게 적혀 있어야 합니다. 예를 들어, 바닥 공사의 종류

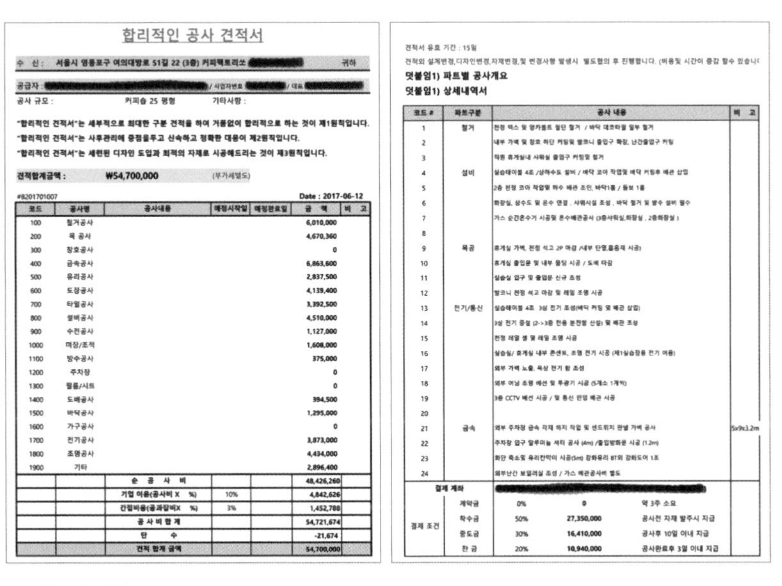

합리적인 공사 견적서

수 신 : 서울시 영등포구 여의대방로 51길 22 (3층) 커피팩토리쏘 [illegible] 귀하

공급자 : [illegible] / 사업자번호 [illegible] / 대표 [illegible]

공사 규모 : 커피숍 25 평형 기타사항 :

"합리적인 견적서"는 세부적으로 최대한 구분 견적을 하여 거품없이 합리적으로 하는 것이 제1원칙입니다.
"합리적인 견적서"는 사후관리에 중점을두고 신속하고 정확한 대응이 제2원칙입니다.
"합리적인 견적서"는 세련된 디자인 도입과 최적의 자재로 시공해드리는 것이 제3원칙입니다.

견적합계금액 : ₩54,700,000 (부가세별도)

#B201701007 Date : 2017-06-12

코드	공사명	공사내용	예정시작일	예정완료일	금 액	비 고
100	철거공사				6,010,000	
200	목 공사				4,670,360	
300	창호공사				0	
400	금속공사				6,863,600	
500	유리공사				2,837,500	
600	도장공사				4,139,400	
700	타일공사				3,392,500	
800	설비공사				4,510,000	
900	수전공사				1,127,000	
1000	미장/조적				1,608,000	
1100	방수공사				375,000	
1200	주차장				0	
1300	필름/시트				0	
1400	도배공사				394,500	
1500	바닥공사				1,295,000	
1600	가구공사				0	
1700	전기공사				3,873,000	
1800	조명공사				4,434,000	
1900	기타				2,896,400	
		순 공 사 비			48,426,260	
		기업 이윤(공사비 X %)	10%		4,842,626	
		간접비용(공과잡비X %)	3%		1,452,788	
		공 사 비 합 계			54,721,674	
		단 수			-21,674	
		견적 합계 금액			54,700,000	

견적서 유효 기간 : 15일

견적외 설계변경,디자인변경,자재변경,및 변경사항 발생시 별도협의 후 진행합니다. (비용및 시간이 증감 할수 있습니(

덧붙임1) 파트별 공사개요

덧붙임1) 상세내역서

코드 #	파트구분	공사 내용	비 고
1	철거	천정 텍스 및 앙카볼트 절단 철거 / 바닥 데코타일 일부 철거	
2		내부 가벽 및 창호 하단 커팅및 발코니 출입구 확장, 난간출입구 커팅	
3		직원 휴게실내 샤워실 출입구 커팅및 철거	
4	설비	실습테이블 4조 /상하수도 설비 / 바닥 코아 작업및 바닥 커팅후 배관 삽입	
5		2층 천정 코아 작업및 하수 배관 조인, 바닥1홀 / 등보 1홀	
6		화장실, 상수도 및 온수 연결 , 샤워시설 조성 , 바닥 철거 및 방수 설비 필수	
7		가스 순간온수기 시공및 온수배관공사 (3층샤워실,화장실 , 2층화장실)	
8			
9	목공	휴게실 가벽, 천정 석고 2P 마감 /내부 단열,흡음재 시공)	
10		휴게실 출입문 및 내부 몰딩 시공 / 도배 마감	
11		실습실 입구 및 출입문 신규 조성	
12		발코니 천정 석고 마감 및 레일 조명 시공	
13	전기/통신	실습테이블 4조 3상 전기 조성(바닥 커팅 및 배관 삽입)	
14		3상 전기 증설 (2->3층 전용 분전함 신설) 및 배관 조성	
15		천정 레일 셋 및 레일 조명 시공	
16		실습실/ 휴게실 내부 콘센트, 조명 전기 시공 (제1실습장용 전기 여유)	
17		외부 가벽 노출, 옥상 전기 함 조성	
18		외부 어닝 조명 배선 및 투광기 시공 (5개소 1개씩)	
19		3층 CCTV 배선 시공 / 및 통신 인입 배관 시공	
20			
21	금속	외부 주차장 금속 각재 하지 작업 및 샌드위치 판넬 가벽 공사	5x9x3.2m
22		주차장 입구 알루미늄 셔터 공사 (4m) /출입방화문 시공 (1.2m)	
23		화단 축소및 유리칸막이 시공(5m) 강화유리 8T외 강화도어 1조	
24		외부난간 보일러실 조성 / 가스 배관공사비 별도	
결제 계좌		[illegible]	
결제 조건	계약금	0% 0 약 3주 소요	
	착수금	50% 27,350,000 공사전 자재 발주시 지급	
	중도금	30% 16,410,000 공사후 10일 이내 지급	
	잔 금	20% 10,940,000 공사완료후 3일 이내 지급	

▲ 견적서 사진

와 넓이, 벽 처리는 어떤 자재로 어떻게 할 것인지, 상부 조명의 종류와 개수, 작업 바의 넓이와 재질, 셀프 바는 어떤 재질로 어떤 크기로 들어가는지, 그리고 앰프·스피커·CCTV·와이파이 공유기와 같은 전자제품이 포함되는지 여부 등도 모두 적혀 있어야 합니다.

너무 당연한 이야기지만, 처음에 이 상세 내역을 보면 암호로 적힌 것 같아서 도무지 무슨 내용인지 이해하지 못합니다. 그래서 대충 보고 넘기는 경우가 많은데, 절대 그러면 안 됩니다. 견적서의 항목 하나하나가 다 돈입니다. 나중에 수십 수백만 원의 돈이 추가될 수도 빠질 수도 있습니다. 시간이 걸리더라도 업체에 하나하나씩 물어보면서 확인해야 합니다. 그러다 보면 견적서를 이해하는 것을 넘어서, 인테리어 전체에 대해서도 이해할 수 있게 됩니다.

반대로 견적서의 기반이 되는 '인테리어 요청서'도 견적서에 첨부하는 것이 중요합니다. 이것은 업주가 인테리어 업체에 요구하는 인테리어의 범위를 적어 놓는 것입니다. 어렵게 생각할 필요는 전혀 없습니다. 형식은 중요하지 않습니다. 가능한 자세하게 인테리어에 포함될 내용을 적어보십시오. 말로 표현하기 힘들면 손으로 대충 그림을 그려도 되고, 아니면 레퍼런스로 삼을 만한 제품의 사진을 인터넷에서 찾거나 다른 카페에서 찍어서 첨부해도 됩니다. 카페 인테리어에서 해주기를 바라는 것을 가능한 많이 정확하게 적어서 계약서에 첨부하면, 만약에 실수로 견적서의 상세 내역에서 빠지더라도 인테리어 업체에 해당 내역의 시공을 요청할 수 있는 근거가 됩니다. '뭘 이런 것까지'라고 생각하는 것까지도 꼼꼼히 적어서 계약서에 첨부를 요구하세요.

마지막으로 가능한 '견적 외'는 없앨 수 있도록 하세요. 보통 인테리어 업체에서는 외부 간판이나 어닝, 전기 증설 공사 등의 내용을 '견적 외'로 빼는 경우가 많습니다. 하지만 결국 이걸 별도로 하기는 어려우니 나중에 업체에 일괄 맡기게 되는데, 그때 '견적 외' 금액에서 갈등이 생기기도 합니다. 따라서 필요한 모든 것이 견적서 안에 들어갈 수 있도록 하세요. 그 총금액을 가지고 여러 업체를 비교해야 제대로 된 가격 비교가 가능합니다.

04 큰 틀에서 인테리어 과정은 어떻게 진행되나요? 기간은 얼마나 걸리나요?

/

인테리어 과정은 상황에 따라 다르지만 기본과정은 '철거 – 전기 · 상하수 공사 – 바닥 · 벽 · 천장 공사 – 도색 – 가구 · 조명 · 가전제품 설치'의 순서입니다. 기간은 이 과정을 얼마나 효율적으로 진행하느냐에 따라서 달라집니다.

인테리어 도면이 나오면 공사기간은 대략 3주 정도 걸립니다. 물론 규모에 따라 다르기도 하지만, 바닥과 천장 마감이 된 곳에 인테리어를 바꾸는 것이라면 3주 잡으면 됩니다. 지붕을 걷어 내거나 구조 보강이 필요하거나, 바닥 미장을 다시 해야 하는 경우라면 1주일이 추가로 더 걸릴 수 있습니다.

어떤 업체는 자체 팀의 일정을 맞추기 위해서 한 과정을 맞추고 나서 다음 과정까지 마냥 하릴없이 시간을 보내기도 합니다. 인테리어 업체 입장에서는 비용 절감을 위한 최적화이지만, 카페 업주의 입장에서는 쓸데없이 임대료를 날리고 있는 것입니다. 따라서 계약시에 기간에 관한 협의와 명기도 반드시 필요합니다. 업주 입장에서는 가능한 짧게 잡는 것이 필요하며, 대단한 규모가 아니라면 한 달 안에는 마치는 것이 바람직합니다.

가능하다면 임대차 계약을 맺을 때에 인테리어 시작이 가능한 날부터 시작으로 잡는 것이 좋습니다. 한 달 정도는 인테리어 기간이기 때문에 영업을 못 하는 것을 고려해서 첫 한 달의 임대료는 빼달라고 하면 건물

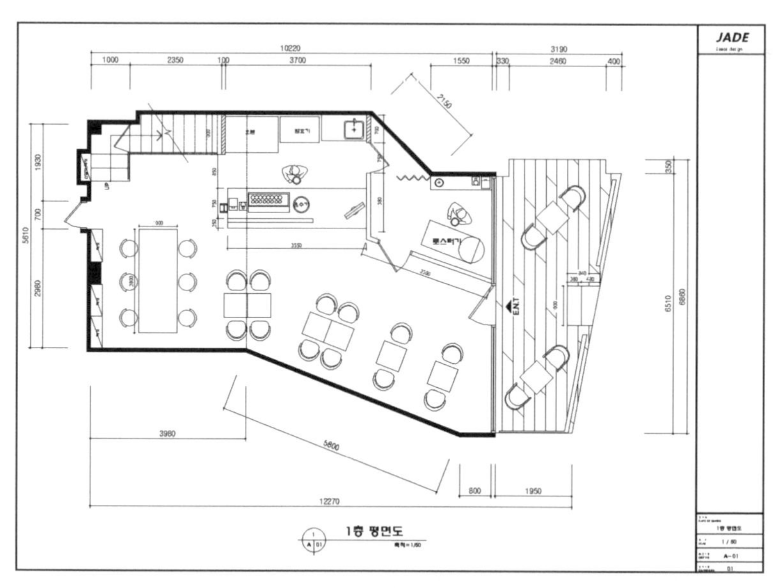

▲ 인테리어 업체의 평면도와 입체도

주가 그 사정을 이해하고 요구대로 해주는 경우가 많습니다. 그리고 일단 인테리어를 시작하면 하루하루가 다 돈이라는 것을 기억하고 일정대로 마무리될 수 있도록 인테리어 업체에 계속 압력을 넣어야 합니다.

인테리어 업체에 지불하는 금액은 당연히 인테리어 진행에 따라서 분할해서 지급해야 합니다. 인테리어 업체의 선함에 의존하는 것은 어리석은 일입니다. 공기에 따라서 분할 지급되도록 계약서를 작성하고, 공기를 맞추지 못하는 것에 따른 지체상금에 대해서도 계약서에 정확하게 명기해야 합니다.

05 10평 미만의 카페일 경우 특히 신경 써야 할 인테리어 팁이 있을까요?

/

10평 미만의 카페라면 저는 인테리어에서 '수납공간'이 가장 중요하다고 생각합니다. 외관에 보이는 인테리어도 중요하지만, 정작 장사를 시작하고 나면 '수납공간'처럼 보이지 않는 공간을 효율적으로 관리하는 노력들이 더 중요합니다.

SsoH 카페도 본점과 공장점을 시작했던 초기만 하더라도 이 '수납공간'을 확보하기 위한 고민이 많았습니다. 장사가 생각보다 너무 잘되어 많은 물품들을 보관할 장소가 필요했는데, 더욱이 SsoH의 세 번째 지점 교육점까지 모두 대박이 나면서 이 문제가 더 커진 거지요. 저만 하더라도 손님으로 여러 커피숍이나 식당에 오갈 때 홀에 박스가 너저

분히 쌓여있으면 절로 눈살이 찌푸려집니다. 아무리 장사가 잘되는 집이라도 박스가 출입구 근처부터 쌓이면, 손님의 시선은 물론이고 동선까지 불편을 끼치기 마련이죠. 게다가 카페의 평당 가격이 얼마이던가요? 물품 박스를 모아둘 장소가 필요해서 만들어진 지점이 SsoH의 네 번째 지점인 '물류점'입니다. 물품 박스도 보관하고, 테이크아웃을 중심으로 커피를 팔고자 만들어진 지점입니다. 물류점은 10평쯤 되는 작은 면적이지만, 그만큼 실용성을 갖춘 인테리어를 갖고 있습니다.

매장 내부는 홀에 앉을 손님을 적극 받기보다 물품을 직접 눈으로 보고 살 수 있게 전시장처럼 꾸몄습니다. 주문한 음료가 나오기를 기다리는 1~2분가량 매장을 어슬렁거리면서 전시대에 놓여있는 물품을 구경하는 콘셉트로 만들었습니다.

카페가 작다는 건 홀 이용자보다 테이크아웃 고객이 더 많다는 뜻이기도 합니다. 매장에서 사용할 머그컵을 구비하는 공간보다 테이크아웃용 포장용기를 구비하는 공간이 더 필요하다는 말이기도 하죠. 박스를 뜯어 정리해 넣어두기보다 박스째 쓸 수 있는 숨은 공간이 상당히 필요합니다. 한 박스에는 컵이 보통 500개씩 들어 있는데, 하루에 테이크아웃 커피가 500잔 이상 판매되는 매장은 하루도 채 지나지 않아 한 박스를 사용하게 됩니다. 그러니 박스를 미리 뜯어 정리해둘 필요가 없습니다. 그런 용기들은 그대로 박스째 상부에 얹거나 하부에 두고 쓰면 됩니다. 작은 카페의 수납공간은 상당히 많이 필요한데, 제가 추천하는 팁은 바 주방에 상부장을 만들어 상부장 문짝이나 뒷판에 메뉴판 시트를 입혀 장을 메뉴판으로 활용하는 것입니다. 하부에 제빙기와 냉장고 테이블, 전자레인지를 배치하며, 근처에 머신과 그라인더, 믹서기를 놓는 것입니다. 이렇게 바리스타가 한 발만 움직이고, 양 팔만 뻗으면 물건을 꺼낼 수 있도록 양팔 벌린 지름을 최소의 동선으로 생각해 주방을 배치하는 것이 중요합니다.

06 2층에 카페를 내게 되었어요. 인테리어에서 무엇이 중요할까요?

/

저도 2층에서 장사를 시작한 경험이 있습니다. 2층에 카페를 시작하는 건 정말 쉽지 않은 결정입니다.

2층 카페를 운영할 때 가장 중요한 점은 '인테리어'입니다. 손님들의 접근을 끄는 인테리어가 무엇보다 중요합니다. 출입구를 못 찾아 방황하는 일이 없도록 2층으로 진입하는 곳에 파사드를 잘 살리는 것도 중요한 인테리어 중 하나입니다.

저는 세세한 내부 인테리어에 무척 신경을 썼습니다. 무역점 2층은 50평 규모의 매장이었는데, 큰 평수인 만큼 매장 인테리어는 공간을 휑하지 않게 배치하는 일이 필요했습니다. 주방 바를 모퉁이가 아닌, 중앙에 배치해서 모든 고객을 두루 살피고, 고객도 바리스타를 쉽게 볼 수 있도록 디자인했습니다. 공간이 휑하지 않게 테이블 사이 벽장을 둔 곳도 있습니다. 그 노력은 카페를 오픈하자마자 효과를 보았습니다. 2층의 장점인 넓은 공간과 아늑한 인테리어가 상승효과를 일으키며 블로그와 SNS에 소개가 되었고, 점점 입소문을 타면서 꾸준히 매출이 상승했습니다. 오래 걸리지 않아 다른 어떤 매장 부럽지 않은 매출을 기록하게 되었습니다.

2층에 카페를 열기로 했다면, 인테리어뿐 아니라 서비스에도 더욱 신경을 써야 합니다. 저의 경우에는 2층까지 굳이 올라와 테이크아웃하는 손님들에게는 더더욱 감사하는 마음으로 정성을 들여 커피를 만들었고, 2층 카페를 방문하는 홀 고객에게도 정성을 다했습니다. 그래서 당시 우리 직원 중 최고의 실력을 갖고 있는 세 명에게 매장을 맡겼습니다. 음료의 품질은 물론이고, 매장관리와 고객응대 면에서도 우리가 할 수 있는 가장 최선의 서비스를 제공했던 것이죠. 한 번 왔던 손님이 단골로 이어질 수 있도록 하고자 한 노력들이었습니다.

하지만 나중에 1층까지 확장했을 때 같은 자리에 카페가 있었다는 사실 자체를 몰랐다고 말하는 손님들이 제법 많았습니다. 가끔 예비창업자가 카페 층수에 대해 도움을 구하면 2층과 지하는 되도록 하지 말라고 말하기도 합니다. 그 정도로 2층은 손님을 끌기에 어려운 환경입니다. 하지만 비록 2층에 위치했다고 하더라도, 최선을 다한다면 고객에게 어필할 수 있다는 것을 우리는 무역점으로 증명했습니다.

어쩔 수 없는 여러 이유로 2층에 카페를 열게 되었다면 이것만은 꼭 알아두세요.

① 오래 머물러도 눈치 주지 않기! 2층에 어울리는 서비스!

② 또 오고 싶게 만드는 커피 맛과 잔, 예쁜 라떼아트는 기본!

③ 카페의 간판과 눈에 띄는 출입구, 올라왔을 때 우와~ 소리가 나는 특색 있는 인테리어!

④ 2층까지 올라와 테이크 아웃하는 손님은 정말 귀한 분! 테이크 아웃 할인!

07 로스터리 카페를 열려고 합니다. 중요한 TIP이 있을까요?

/

① '제조업소 + 카페 복합공간' 허가 받기.

로스터리 카페 창업을 생각한다면, 볶은 콩을 카페 안에서만 소비하는 게 아니라, 외부로 유통시켜서 매출 향상에 힘쓰는 노력도 중요합니다. 제 경험에 따르면 온라인 판매나 거래처 납품을 하려면 일단 제조업소 등록이 필요한데, 이 과정이 참 까다롭고 힘들어요.

게다가 임대인으로 로스터리 카페를 시작한다면, 더 힘든 과정이 기다리고 있을지도 모릅니다. 자칫 모르고 시작하면 시행착오뿐 아니라 비용도 더 들 수 있는 문제이기 때문에 지금부터 제가 말씀드리는 것을 미리 알고 시작하면 좋겠습니다.

노량진2동에 위치한 SsoH의 공장점은 '콩 볶는 공간이 필요해서' 생기게 된 지점이에요. 로스터기 한 대 놓을 작은 공장이 필요했죠. 하지만 '제조업소+카페 복합 공간'으로 정하고 나서부터는 일이 커졌습니다.

'제조업소 + 카페'를 만들 때의 주의점에 대해 간단히 설명하자면 이렇습니다. 식품제조업소 허가는 우리 기대와 다르게 쉽게 나지 않았어요. 용도가 다른 두 개를 한 면적에 넣을 수 없다는 것이 이유였습니다. 임차인이 손으로 스윽 그려서 공간을 분할하면 될 줄 알았는데, 설계상 정식 도면이 필요했습니다. 이 과정에 건물주의 도움이 많이 필요했어요. 건물 소유주가 시간을 내어 구청을 오고가면서 건물 도면을 제출하고 승인받아 주었습니다. 세입자의 귀찮은 요청이었음에도 건축가를 통해 면적 치수를 다시 재고, 그리고, 분할해서 임대 평수 20여 평의 허가를 위해 120평 건물 전체를 그려 제출했습니다. 정말 건물주의 도움이 아니었다면 이 과정이 결코 쉽지 않았을 겁니다.

카페 안 제조업소 허가를 받을 계획이라면 지자체별로 조금씩 다른 기준을 가지고 있으니 구청에 먼저 문의해서 조건을 확인하는 게 좋습니다. 그리고 도면을 요구받는다면, 오래된 건물일 경우 도면이 없을 수 있으니 구청 앞 설계사무소를 찾아 설계 비용을 확인해야 합니다. 허가 전부터 서류 준비 비용이 너무 든다면 다른 공간을 찾거나 제조업소를 포기하고 일반적인 로스터리 카페로 창업하는 것도 방법입니다.

② 소음을 최대한 줄여 이웃들에게 피해 덜 주기

3장에서도 말씀드렸듯이 로스터기를 쓰면서 주변 이웃들에게 민원을 정말 많이 받았어요. 저는 소음을 줄이기 위해 안해본 방법이 없는데, 몇 가지 팁을 드리자면 이런 것들이 있습니다.

기본 설비를 완벽하게 갖춥니다. 제연기를 설치하고, 배기 덕트를 옥상까지 연장해서 높게 올리고, 덕트 방향을 이웃집을 향하지 않게 합니다. 그리고 로스팅하는 시간을 정하고 합니다. 그래서 저희는 가장 한산한 아침 시간을 로스팅 시간으로 정해 이웃과 홀 손님들에게 피해가 없도록 하고 있습니다.

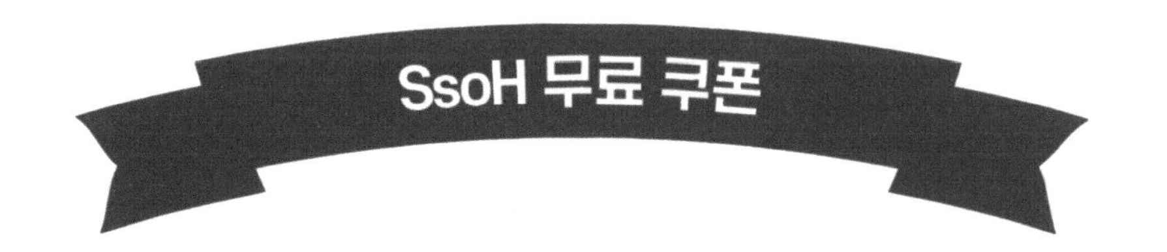

첨부의 쿠폰은 다음 SsoH 6개 지점에서 사용이 가능합니다.
아래 절취선에 따라 쿠폰만 절취하여 오시거나, 책을 그대로 가지고 오셔도 됩니다.

본점
서울시 동작구 노량진로 196 JH빌딩
02-823-5777

공장점
서울시 동작구 등용로14길 71 수동빌딩
02-814-5501

교육점
서울시 동작구 여의대방로54길 12
02-823-6123

물류점
서울 영등포구 영등포로86길 12
02-848-5501

무역점
서울 영등포구 여의대방로51길 22 남경빌딩
02-845-5501

다방점
서울 영등포구 여의대방로43나길 10-1
02-842-5501

SsoH 무료 쿠폰

- 아메리카노 1잔
- 홀/테이크 아웃 모두 가능
- 다른 음료로 변경 불가

사용 확인